A JORNADA

(The Journey™)

CB028889

Brandon Bays

A JORNADA
(The Journey™)

Um guia extraordinário para curar
a sua vida e se libertar

Tradução:
ROSANE ALBERT

Revisão técnica:
PAULA MELLO HANSSON

EDITORA PENSAMENTO
São Paulo

Em agradecimento à minha mãe

Copyright © 2001 Brandon Bays.

Tradução para o português © 2005 Editora Pensamento-Cultrix Ltda., com permissão do autor.

Todos os direitos reservados. Nenhuma parte deste livro pode ser reproduzida ou usada de qualquer forma ou por qualquer meio, eletrônico ou mecânico, inclusive fotocópias, gravações ou sistema de armazenamento em banco de dados, sem permissão por escrito, exceto nos casos de trechos curtos citados em resenhas críticas ou artigos de revistas.

A Editora Pensamento-Cultrix Ltda. não se responsabiliza por eventuais mudanças ocorridas nos endereços convencionais ou eletrônicos citados neste livro.

Dados Internacionais de Catalogação na Publicação (CIP)
(Câmara Brasileira do Livro, SP, Brasil)

Bays, Brandon
   A jornada : um guia extraordinário para curar a sua vida e se libertar / Brandon Bays ; tradução Rosane Albert ; revisão técnica Paula Mello Hansson. — São Paulo : Pensamento, 2005.
 	
   Título original: The journeyTM : an extraordinary guide for healing your life and setting yourself free.
 	
   ISBN 85-315-1434-7
 	
   1. Bays, Brandon 2. Cura pela fé I. Hansson, Paula Mello. II. Título.	

05-9747	CDD-248.29

Índices para catálogo sistemático:

1. Cura pela fé : Experiência religiosa : Cristianismo 248.29

O primeiro número à esquerda indica a edição, ou reedição, desta obra. A primeira dezena à direita indica o ano em que esta edição, ou reedição, foi publicada.

Edição	Ano
1-2-3-4-5-6-7-8-9-10-11	06-07-08-09-10-11-12-13

Direitos de tradução para o Brasil
adquiridos com exclusividade pela
EDITORA PENSAMENTO-CULTRIX LTDA.
Rua Dr. Mário Vicente, 368 — 04270-000 — São Paulo, SP
Fone: 6166-9000 — Fax: 6166-9008
E-mail: pensamento@cultrix.com.br
http://www.pensamento-cultrix.com.br
que se reserva a propriedade literária desta tradução.

Impresso em nossas oficinas gráficas.

Introdução

Este é um livro sobre liberdade. A liberdade de viver a sua vida como sempre sonhou.

Todos nós temos problemas que nos fazem sentir de alguma forma presos ou limitados — seja raiva, depressão, sentimento de perda, ansiedade ou medo. Pode ser algo tão simples como sentir que *precisa* haver alguma coisa a mais na vida, ou um sentimento tão avassalador como sentir-se completamente fracassado. Ou tão debilitante como ser viciado ou ter a vida ameaçada por uma doença grave.

E ainda assim, não importa a intensidade do problema, não interessa o quanto você venha lutando com ele, *existe a possibilidade de ficar completamente livre, inteiro e curado.*

Você pode chegar à *causa original* dos seus problemas para, finalmente resolvendo-os e deixando-os por completo, ficar livre para viver a vida em todo o seu potencial, como a mais completa expressão do seu *verdadeiro* eu.

Tendo passado por uma experiência profundamente transformadora ao me curar naturalmente de um tumor em apenas seis semanas e meia, eu descobri a alegria e a liberdade sem limites que têm me acompanhado desde aquela ocasião. Foi o presente mais precioso que já recebi em toda a minha vida.

Este livro foi escrito para demonstrar a profunda gratidão que sinto pela jornada fabulosa que vivi, com a intenção de que seja *um instrumento vivo* que o inspire a embarcar em sua própria jornada. Que você consiga descobrir a alegria sem limites que existe no âmago do seu ser.

Este é o seu convite para a liberdade. Você está pronto para voar alto?

"Venham para a beirada", disse ele.
"Não podemos, Mestre, estamos com medo."
"Venham para a beirada", disse ele.
"Não podemos, Mestre, estamos com medo."
"Venham para a beirada", disse ele.
Eles foram.
Ele os empurrou...
Eles *voaram*.

A liberdade é o nosso destino.
Mesmo que tenhamos medo de dar o grande passo que nos levará à grandeza que é a nossa verdadeira natureza.

Certa vez ouvi uma história que dizia que cada um de nós nasce como um diamante imaculado, puro e sem jaça e que, no transcorrer do processo de crescimento e ao passar pelas dores que a vida nos apresenta, o nosso brilho inato acaba ficando escondido debaixo de um monte de sujeira.

Então, quando ficamos adultos, nós passamos uma camada brilhante de esmalte sobre toda essa confusão. Nós nos apresentamos com esse verniz artificial para o mundo e ficamos nos perguntando por que ninguém parece achá-lo tão extraordinário. Com o passar do tempo, chegamos mesmo a acreditar que essa concha protetora é quem realmente somos e moldamos toda a nossa identidade pessoal em volta dela.

Mas, se tivermos sorte, a vida nos dá um presente — "um chamado para despertar". Alguma coisa acontece quando, por um instante, quebramos a superfície endurecida e o nosso olhar atravessa as camadas de sujeira e captamos um lampejo do brilho radiante que vem de dentro.

Então, se tivermos muita, muita sorte, passaremos o resto de nossas vidas viajando de volta à nossa origem para dentro dessa notável beleza e liberdade. Descobrimos que *sempre* fomos e sempre seremos esse diamante puro e sem jaça.

Esta é a história da viagem de retorno e do chamado incessante da alma que nos é feito a fim de reconhecermos a grandeza dentro de nós mesmos. **É o seu chamado para despertar, o convite para que finalmente você volte a ser o que realmente é.**

Você é aquilo que está buscando.

1

Acordei naquela manhã de verão, em 1992, e percebi que definitivamente eu precisava encarar o que quer que estivesse fazendo minha barriga crescer tanto nos últimos meses. Eu não podia mais continuar me negando a enfrentar a situação. Parte de mim sabia que havia algo de muito errado e que por isso, iria finalmente procurar um médico para verificar o que estava acontecendo.

Eu não queria acreditar que havia algo de "errado" comigo. Aparentemente eu fizera tudo sempre tão certinho! Tinha sido extremamente consciente em relação à saúde, proativamente conscienciosa durante mais de doze anos. Eu comia comida vegetariana, nutritiva e fresca, bebia somente água pura, cristalina e filtrada, e saltava em meu minitrampolim todos os dias. Morava num pequeno chalé na praia, em Malibu, na Califórnia, e respirava o mais puro ar marinho. E o mais importante, em função de todo o trabalho pessoal que eu fizera durante anos, não precisava mais direcionar os pensamentos num sentido positivo — isso acontecia naturalmente. Eu me sentia completamente realizada no casamento, amava meus filhos e o meu trabalho era animado

10 A Jornada

e gratificante — viajar pelo mundo apresentando seminários e incentivando as pessoas a criar uma vida saudável. A minha vida era tudo aquilo que eu sempre desejara.

Durante muito tempo freqüentei *workshops* e seminários, aprendendo tudo o que pude sobre a cura do corpo e do espírito. Parecia que toda a minha vida girava em torno de princípios de saúde e bem-estar — sem dúvida nenhuma, eu "fazia o que eu dizia". E, ainda assim, lá estava eu com uma barriga tão grande que parecia estar grávida, embora eu soubesse que não estava. Como é que isso podia acontecer se eu estava fazendo tudo certo?

Confusa e envergonhada, eu não podia admitir meus medos nem mesmo para os amigos mais próximos. Ali estava eu, "uma especialista", ensinando os outros a cuidar da própria saúde, enquanto eu não conseguia sequer fechar o zíper das minhas calças mais largas.

Durante 15 anos eu permanecera no campo alternativo e natural da cura e da saúde e agora, diante de um problema grave, eu me sentia perdida diante da perspectiva de ir a um "médico" comum. Embora eu soubesse que precisava urgentemente de um diagnóstico médico qualificado, eu não tinha idéia por onde deveria começar e a quem procurar.

Não tendo coragem de telefonar para um amigo, e não tendo mais para onde me voltar, decidi procurar pelo catálogo de livros da região. Fui pesquisando e achei um livro escrito por uma cirurgiã especialista em problemas de saúde femininos; alguém que era conhecida por *não* extrair os órgãos de ninguém como primeira opção. Imaginei que procurá-la poderia ser um bom começo e, quando liguei para o número escrito nas costas do livro, fiquei surpresa e me senti ameaçada, já que só conseguiria uma hora marcada para dali a seis semanas.

Durante esse período, entretanto, a minha barriga dava a impressão que ia "explodir" de tão grande e, estranhamente, minha menstruação desceu muito antes da data prevista. Na véspera da consulta, eu reuni coragem para contar o que estava acontecendo para uma das minhas melhores amigas, Catherine, e pedi a ela que me acompanhasse.

Quando chegamos no consultório da médica, eu estava me sentindo mal, com medo do que poderia ser diagnosticado. Como eu e Catherine ficássemos conversando enquanto esperávamos a minha vez, eu comecei a suar frio como se ondas de medo me atingissem. Depois de uma hora e meia, finalmente, a enfermeira nos chamou para entrar. Os 45 minutos de exame foram dolorosos e pareceram se arrastar infindavelmente. A médica não se pronunciava, enquanto eu esperava, até que ouvi o que mais temia.

Quando terminou, ela silenciosamente virou-se para mim e olhou-me bem nos olhos. Com uma voz calma que não demonstrava qualquer emoção, ela me disse: "Brandon, é como se você estivesse grávida de cinco meses, com um tumor do tamanho de uma bola de basquete."

Tudo pareceu girar enquanto eu tentava desesperadamente apreender de algum modo o que ela tinha dito. Fiz uma tentativa desajeitada para parecer despreocupada, dizendo: "Ora, doutora, a senhora não está exagerando um pouco — uma bola de basquete — isso não é um pouco demais? Uma bola de basquete é deste tamanho!" (com minhas mãos eu mostrava o tamanho da bola), enquanto sorria incredulamente, sentindo-me em seguida uma tola.

Sem se alterar com a tentativa de me mostrar bem-humorada, ela permaneceu firme e me perguntou quase incisivamente: "Você preferiria que eu dissesse que é do tamanho de uma bola de futebol? Ela é *deste* tamanho [mostrando uma bola de futebol]. E não apenas isso, o tumor está imprensando os outros órgãos. Você não notou que anda sem fôlego ultimamente?"

Respondi que sim com um movimento de cabeça e murmurei debilmente que eu tinha imaginado que isso se devia ao inchaço e aumento de peso. Ela disse: "Isso é porque o tumor, essa 'massa pélvica', cresceu da sua região pubiana para cima até as costelas [tocando o meu corpo, ela me mostrou exatamente qual o espaço que ele ocupava] e está fazendo pressão contra o seu diafragma, tornando a sua respiração difícil. Está tão grande que você precisa ir ainda hoje para o hospital a fim de fazer alguns exames para que ele possa ser removido cirurgicamente."

Senti como se alguém tivesse extraído todo o ar de mim. Bobamente ainda fiz algumas tentativas fracas de falar de coisas sem importância antes de encontrar coragem para perguntar se poderíamos conversar na sala dela.

Enquanto caminhávamos pelo corredor, Catherine não parou de falar, disparando uma série de perguntas para a médica. Eu imagino que ela estava tentando dar tempo para que eu me recuperasse e me situasse. Nós nos sentamos lado a lado, e perguntei à médica o que realmente isso significava e quais eram as minhas opções. Parecia que quanto mais ela falava, mais terríveis as coisas pareciam. A cirurgia era a minha "única opção" — e cirurgia imediata.

O meu coração começou a disparar à medida que a pressão ia se acumulando dentro de mim. Eu me sentia como um animal preso em uma armadilha. Finalmente consegui me sair com a seguinte frase: "Não posso deixá-la fazer isso, doutora. Eu trabalho no campo da cura do corpo pela mente. Eu preciso que me dê uma oportunidade para seguir o meu discurso, de tentar me curar do meu jeito... Quanto tempo a senhora pode me dar?"

Ela ficou ainda mais veemente e respondeu que não era um problema para ser encarado com leviandade. "Você não entendeu, Brandon", ela me disse. "Não é só o tamanho do tumor. A minha preocupação mais imediata é que eu posso perder você dentro de poucos dias por causa da quantidade de sangue que está perdendo. Isso não é menstruação. Você está com hemorragia."

Comecei a tentar me agarrar em algo, negociando de qualquer ângulo que eu conseguisse imaginar. Tudo o que a médica estava dizendo eu considerava compreensível e lógico, e não queria fazer nada que arriscasse a minha vida, mas sentia um estranho impulso — como se, de alguma forma, eu *precisasse* que ela me desse mais tempo. Eu precisava de uma oportunidade para passar pelo meu próprio processo de cura, para dar o melhor de mim.

Perguntei a ela: "E se eu conseguisse parar a hemorragia por meio de hipnose médica, homeopatia ou algo semelhante? Então quanto tempo a senhora me daria?" Ela balançou a cabeça num movimento que parecia de pura exasperação e assumiu um tom gentil mas resolutamente firme que parecia ligeiramente patronal. Ela disse: "Brandon, você parece uma pessoa muito sincera, e eu até acredito em medicina alternativa quando o diagnóstico dá espaço para isso, mas a sua massa pélvica está grande demais para se levar isso em consideração."

Apontando para as prateleiras cheias de livros que cobriam suas paredes como se fossem provas conclusivas, ela continuou: "Não há *nenhum* histórico de caso em todos esses livros de alguma mulher que tenha se curado naturalmente de uma massa pélvica do tamanho que a sua está. Por isso, mesmo que você tenha a melhor das intenções, não posso em sã consciência deixar você sair daqui no estado em que está. Como médica, o meu negócio é salvar vidas, e você precisa dar entrada no hospital ainda hoje à tarde."

"E se *tivesse* de me dar um tempo, quanto poderia me dar?", eu insisti. E assim a negociação continuou, até que, depois de outros 30 minutos, chegamos a um acordo que, se de alguma forma eu parasse de sangrar nos próximos dois dias, eu teria um mês para fazer o que eu sabia, para dar o melhor de mim. *Se* os sinto-

14 A Jornada

mas piorassem, eu poderia chamá-la imediatamente e *se* depois de um mês a massa pélvica não tivesse sumido completamente eu voltaria e deixaria que os cirurgiões fizessem aquilo que eles sabiam fazer — removê-la cirurgicamente.

Quando eu ia saindo do consultório, olhei para trás e encontrei o olhar grave da médica e, naquele momento, percebi o quanto ela estava realmente preocupada comigo. Da mesma forma, percebi que ela não tinha a menor dúvida de que eu não conseguiria me curar sozinha. Calmamente, com um tom de quem sabe o que vai acontecer, ela disse: "Vejo você dentro de um mês", com a mais absoluta certeza de que eu acabaria me submetendo à cirurgia.

Com o coração ainda disparado, saí dali para o sol brilhante de Los Angeles e senti que tinha saído de uma prisão. Embora eu nunca tivesse gostado muito de Los Angeles, naquela tarde, de alguma forma, aquela cidade me pareceu o lugar mais bonito do mundo. As árvores pareciam cintilar com tantas cores, o ar estava intensamente perfumado, e eu me senti uma mulher incrivelmente afortunada apenas por estar viva. Meus sentidos estavam tão despertos — tão aguçados, tão penetrantes... A vida parecia muito, muito preciosa.

Naquele momento ocorreu alguma coisa radical. O tempo pareceu parar de repente. Num instante, todo o medo se aquietou em uma calma profunda, e um silencioso porém firme "conhecimento" brotou em mim — o "conhecimento" de que eu tinha recebido um grande "chamado para despertar" e que, de fato, aquele tumor era uma dádiva — que ele tinha alguma coisa importante para me ensinar e que, de alguma forma, eu seria orientada para me autocurar.

Não se tratava de saber *se* eu iria ficar boa, mas *como*.

Embora eu não soubesse o que seria a minha jornada de cura, eu percebia que a mesma parte de mim que fora responsável por criar o tumor também seria responsável por *descriá-lo*. Ao reconhecer isso, eu me senti com a inocência e a confiança de uma criança, sabendo que de algum modo eu seria orientada para descobrir o que aquela massa pélvica tinha para me ensinar.

E então a minha jornada de cura começou.

2

Enquanto eu ficava ali sob o sol de Los Angeles, durante aquele breve instante em que o tempo pareceu ter parado, senti que toda a minha vida tinha sido vivida para chegar naquele ponto. Fragmentos de lembranças de muitos ensinamentos de cura espiritual e de mente–corpo que eu ouvira durante anos de estudo me passaram pela cabeça.

Senti uma onda de gratidão por tudo que tinha aprendido, por todos os professores que me deram aulas e por todos os históricos de casos que eu estudara de pessoas que tinham sido diagnosticadas com moléstias mais graves do que a minha, pessoas que, reunindo muita coragem, tinham conseguido se autocurar. Eu não apenas tinha lido, estudado e aprendido com centenas de casos, mas também ao longo dos anos tinha tido o privilégio de ajudar terapeuticamente outras pessoas enquanto elas seguiam em suas jornadas de cura. Percebi que as experiências delas tinham sido um exemplo vivo e real para mim, e a coragem delas tinha me iluminado. Eu sabia que bastava ter havido apenas *uma* pessoa bem-sucedida na cura em nível celular, para isso significar que todos os seres humanos são capazes de se curar nesse plano. Assim eu sabia, sem sombra de dúvida, que isso era possível; eu só não sabia qual seria a *minha* jornada de cura.

Eu me virei, percebendo que tinha ficado imersa em meus pensamentos durante algum tempo e que a minha amiga Catherine ainda estava ao meu lado. Lancei-lhe um olhar incrédulo e disse: "Bem, pelo menos consegui um mês. Vamos tomar um suco. Estou um pouco abalada, preciso me recompor."

Do restaurante de comida saudável Terra Boa eu telefonei para o meu marido, Don, que estava fora da cidade, dando seminários como Treinador-Chefe, com Anthony Robbins, conhecido professor americano de crescimento pessoal. Eu tentava não deixar transparecer pela minha voz o quanto estava preocupada enquanto lhe contava o que acabara de saber: "Lembra-se daquela consulta que eu tinha com a médica para descobrir por que o meu abdômen estava tão crescido?"

"Ah, sim, como foi lá?"

"Bem, ela diagnosticou um tumor do tamanho de uma bola de basquete e eu tenho um mês para me livrar dele."

Do outro lado, o telefone ficou mudo — Don ficou sem palavras.

Então, ele disse: "Droga, um mês!?"

Embora seja um erudito e articulado Ph.D., naquele momento ele parecia estar inteiramente perdido. Murmurando alguma coisa ininteligível, ele passou o telefone para Tony, que também era o *meu* chefe. Eu não estava esperando isso. Eu me senti muito exposta, mas tentei parecer despreocupada e confiante ao dar a notícia para Tony. Gaguejando, eu disse: "Alô, Tony, não sei se você percebeu que o meu abdômen cresceu muito nos últimos meses." (Eu achava que até tinha conseguido disfarçá-lo usando vestidos longos, soltos e românticos.)

"Bem, Brandon, para falar a verdade eu tinha percebido..."

Fui tomada por uma onda de constrangimento e, de repente, não consegui saber o que dizer. Depois de uma longa e embaraçosa pausa, as palavras surgiram me atropelando: "Bom... recebi o diagnóstico de que estou com um tumor do tamanho de uma bola de basquete e de que tenho apenas um mês para fazê-lo sumir..."

Uma outra pausa pareceu ficar suspensa no ar, enquanto eu esperava, antecipando o que eu temia que pudesse vir na forma de uma resposta humilhante. Mas, inesperadamente, ele respondeu em tom animado e encorajador: "Não se preocupe, você vai conseguir resolver isso. Vejo você no Mastery" (um seminário que se realizaria no Havaí dali a um mês).

Tony devolveu o telefone para Don, e eu lhe dei um resumo dos detalhes médicos, garantindo a ele que conseguiria controlar o problema da hemorragia imediatamente, e desliguei o telefone.

Permaneci na cabine telefônica um pouco aturdida, refletindo sobre o que Tony dissera e pensando na resposta dele... "Não se preocupe, Brandon, você vai resolver isso"... Eu percebi a confiança absoluta que ele tinha em mim e também a certeza que ele sentia quanto à rapidez que a cura pode se dar no corpo — fisicamente. Pensei: "Ele está certo, é possível e acontece nessa rapidez, e eu preciso me assegurar de só falar a respeito disso com pessoas que têm esse conhecimento e essa certeza. Não posso atrair a negatividade de pessoas bem-intencionadas que vão acabar projetando sobre mim suas próprias dúvidas, medos e simpatia pela doença alheia. Só tenho um mês. *É um tempo precioso.*"

Naquele momento fiz uma promessa silenciosa a mim mesma de que só contaria àquelas pessoas que eu sabia sem sombra de dúvida que me apoiariam de todo o coração de uma maneira positiva — que teriam certeza de que eu podia e iria me curar.

Acabei falando sobre aquela situação apenas para oito pessoas.

A Jornada 19

Depois do almoço, fui imediatamente à farmácia homeopática e conversei com o farmacêutico sobre o meu estado. Ele me sugeriu algumas ervas e medicamentos homeopáticos, inclusive um para parar o sangramento, e me aconselhou a parar de consumir cafeína, já que há estatísticas que mostram que a cafeína pode aumentar drasticamente o tamanho dos tumores.

Então fui para casa e apliquei em mim um processo simples de cura Neurolingüística de mente–corpo para parar o sangramento. Um dia e meio mais tarde, fiquei surpresa e aliviada ao descobrir que, a não ser por um ligeiro sangramento ocasional, a hemorragia tinha parado.

Liguei então para a médica. Depois de ouvir o que eu lhe disse, ela me pareceu cética mas, de certa forma, aberta, certificando-se de me advertir, antes de encerrar a conversa: "... se qualquer dos seus sintomas se agravar, me telefone imediatamente."

Só depois que desliguei é que percebi que realmente conseguira garantir um mês inteiro para mim. Relaxei e dei um suspiro de alívio. E então começou a ficar claro que *naquele momento* começava o meu *verdadeiro* trabalho.

3

De certa forma eu me sentia curiosa e aberta quase como uma criança em relação àquilo que a minha jornada poderia trazer. E, ainda assim, estava também muito consciente de que recebera um "chamado para despertar" urgente e que um mês era um período muito curto. Eu não podia desperdiçar nem mesmo um precioso instante desse tempo. Embora não soubesse por onde começar, eu sentia essa "sabedoria" interior e persistente de que eu seria orientada, de uma ou de outra forma. Assim, tudo o que eu poderia fazer era CONFIAR.

Fiz uma promessa simples a mim mesma de que eu me entregaria totalmente ao que fosse guiada a fazer e de que CONFIARIA aonde quer que isso me levasse. Eu faria o que melhor pudesse, sem me preocupar com os resultados. Eu não tinha dúvida de que parte da minha jornada envolveria revelar e descobrir o que o tumor tinha para me ensinar. Eu sabia que precisaria descobrir quais as lembranças emocionais passadas e padrões não resolvidos que estavam confinados nas células — aprendendo qualquer tipo de lição que houvesse lá — e finalmente resolvendo-os e liberando-os.

Eu acreditava, depois de anos trabalhando no campo da cura mente–corpo, que tudo acontece por algum motivo e com um propósito. Assim que você aprende o que a doença ou o bloqueio físico tem a lhe ensinar e finalmente você se livra das questões emocionais armazenadas nas células, então, e *só* então, a cura verdadeira pode começar em todos os níveis — emocional, espiritual e físico. Somente então o corpo passa pelo processo de se curar naturalmente. Eu sabia que a minha jornada incluía me livrar de todos os problemas emocionais que estavam armazenados dentro do tumor. Eu apenas não sabia ainda quais eram esses problemas.

Sabia além disso que precisava dar um reforço físico ao meu corpo de maneira muito prática se fosse para começar a me livrar de uma grande quantidade de células tóxicas e degenerativas! Assim, a primeira coisa que resolvi fazer foi reforçar o meu corpo com uma dieta vibrante e purificadora, usando terapias de limpeza que eu aprendera.

A minha alimentação já era extremamente saudável, mas naquele momento resolvi que precisava comer ainda do modo mais perfeito para gerar níveis mais elevados de energia. Eu passei minha dieta vegetariana de 65 a 70 por cento de frutas e vegetais frescos e crus para 100 por cento de comida totalmente viva, incluindo uma porção de sucos de frutas espremidas na hora. Acrescentei enzimas alimentícias e aumentei significativamente a ingestão de minerais e passei a consumir ervas cujos efeitos purificantes eu conhecia. Paralelamente, decidi manter meu sistema linfático circulando com massagens e meu cólon limpo com irrigação; assim quando a liberação emocional estivesse completa, meu corpo estaria em sua condição máxima para fazer a liberação física. Mas esses eram apenas apoios físicos práticos que eu podia dar com facilidade. Sabia que o meu trabalho verdadeiro residia na descoberta do que estava armazenado emocionalmente dentro daquele tumor.

Don estava no Canadá, impossibilitado de deixar os seminários em que estava trabalhando. Assim resolvi que, dada a importância do que estava acontecendo, eu deveria estar ao lado dele e que precisaríamos sair durante algum tempo para passarmos juntos um curto período de férias a fim de reduzir um pouco o ritmo das coisas. Então, talvez, meu guia interior pudesse me revelar o próximo passo. Assim, reservei passagem num vôo para encontrá-lo em Quebec.

Eu sabia intuitivamente que a minha jornada de cura repousava no fato de me manter firme, receptiva e CONFIANTE, CONFIANTE, CONFIANTE, deixando que os próximos passos fossem se revelando para mim. Intuitivamente compreendi que eu, a personalidade de Brandon, não estava no comando, mas a inteligência interior infinita estaria sentada no assento do motorista. Sabia que a parte de mim responsável por fazer meu cabelo crescer e meu coração bater estaria fazendo seu trabalho — e que eu precisaria de muita coragem para me entregar e relaxar atingindo um estado de calma interior, a fim de que a orientação interna pudesse me revelar o próximo passo.

Uns poucos dias de férias pareciam ser o melhor passo a ser dado naquele momento.

4

Quando me sentei no avião para Quebec, percebi que não poderia saborear toda aquela gloriosa comida francesa que seria servida — eu jantaria saladas crocantes e sucos de cenoura e frutas frescas e minerais coloidais. Uma parte de mim ficou impaciente e intratável diante dessa idéia, ainda que eu fizesse força para me lembrar de que tinha apenas um mês e que isso era o mínimo que eu podia fazer para me ajudar.

Enquanto eu e Don perambulávamos preguiçosamente pelas ruas calmas e pitorescas de Quebec, senti minha percepção ampliada — os meus sentidos pareciam extremamente despertos e aguçados. A folhagem das árvores parecia de algum modo mais vibrante e os odores que vinham dos cafés nas calçadas eram variados e intensos. As pedras de paralelepípedo estavam arredondadas pela passagem de pessoas, carruagens e carros ao longo de muitos anos e as nuvens pareciam destacar-se vivamente contra o azul crispado do céu. Eu me sentia abençoada só pelo fato de ser capaz de olhar, cheirar e sentir — até mesmo o vento cortante parecia de algum modo uma raridade. Era quase como se a minha alma estivesse experimentando a vida como ela *realmente* é.

Uma onda me invadiu. Mais uma vez o tempo pareceu parar. Eu me encontrei repousando em uma quietude penetrante que era tão excessivamente imóvel quanto faiscantemente viva. A percepção de que eu estava sendo "guiada" brotou com força em mim. Por fora eu devia estar com uma aparência pensativa e calma, mas por dentro estava à beira das lágrimas, grata por esse conhecimento revelar-se tão poderosamente.

Olhei para trás, para Don; eu não sabia quanto tempo eu estivera ali parada, mas percebi que ele estava anormalmente quieto. Quando o interroguei mais incisivamente, Don admitiu que ele não queria dividir comigo seus sentimentos porque sabia que era essencial para mim estar na companhia de pessoas que me apoiariam positivamente com a *certeza* de que eu me curaria, e ele tinha de admitir que estava com medo.

"É só porque parece tão grande..."

Um longo silêncio...

Eu calmamente o interrompi: "Ele é *grande*."

Eu não sabia mais o que dizer. Ele declarara o óbvio, mas de certa forma o óbvio pareceu ao mesmo tempo incompreensível e ainda assim estupidamente evidente.

Um outro longo silêncio...

Então eu lhe disse: "Às vezes eu também fico com medo e preciso me lembrar de permanecer aberta e confiante nesses momentos. Não há por que lutar. Eu gostaria de poder explicar a você esta certeza silenciosa que vem de dentro, pois de algum modo não importa o quanto minha mente às vezes possa ficar preocupada, alguma coisa mais profunda — de dentro — parece pensar diferente. E é esse conhecimento o que me leva por essa extraordinária jornada. Assim, vamos aproveitar nossa estada aqui, nessa cidade tão romântica." Entramos em um café e eu o incentivei a desfrutar da adorável culinária francesa, mesmo que eu estivesse comendo apenas salada. Relutantemente, ele aceitou.

Dia após dia a paz foi se tornando mais profunda e, depois de três ou quatro dias em Quebec, eu soube que era hora de me mexer. Para fazer o que, eu ainda não sabia, mas alguma coisa dentro de mim parecia estar me empurrando para seguir adiante.

5

De Quebec resolvi ligar para nossos amigos Mark e Elaine Thomas. Eles estavam morando em uma comunidade que se fundava na espiritualidade, no interior do Estado de Nova York, e eu imaginei que poderia ir visitá-los, fazer algum bom trabalho de corpo e me aconselhar sobre o que fazer em seguida. Fora com Mark e Elaine que Don e eu tínhamos feito nosso treinamento em limpeza natural, iridologia, acupressura, cura herbal, e assim por diante, além de um processo chamado eletrônica do corpo. Mark e Elaine tinham nos conhecido em um período de grande espiritualidade e transformação, e ainda que se tivessem passado anos e tivéssemos nos encaminhado para diferentes enfoques da cura mente–corpo, eles me pareciam as pessoas certas para estar junto naquele momento. Eu sabia que eles me dariam muito apoio.

Quando chegamos, Elaine nos ofereceu uma xícara de chá de ervas e disse, com seu jeito intuitivo e direto: "Então, o que foi que aconteceu? Alguma coisa vai mal!"

"É verdade, foi diagnosticado um tumor em meu abdômen com..." — contei-lhe toda a história, até mesmo as medidas que eu estava tomando com relação ao meu corpo, e no final eu lhe disse: "Assim, estou me deixando ser guiada."

Sacudindo os ombros, ela disse: "Brandon, eu não vejo isso como um problema. Você vai conseguir resolver isso... não se preocupe... vai ser como uma brisa que vem e que passa... tenho certeza disso... Realmente, tenho certeza disso, Brandon..." — e eu sabia que ela achava isso.

Mais uma vez alguém ouvia pela primeira vez a notícia do meu tumor e usava *exatamente* as mesmas *palavras* de Tony: "Não se preocupe, você vai conseguir resolver isso." Eu estava começando a sentir como se as pessoas à minha volta fossem um espelho da mesma sabedoria interior que estava surgindo dentro de mim! A confirmação vinda de fora de que aquilo que eu sentia internamente era verdadeiro era muito tranqüilizador.

Dei um jeito de conseguir uma boa massagem enquanto estava lá e também descobri um herbalista que me sugeriu diversas ervas para ajudar no processo de purificação. Enquanto eu me preparava para sair, o massoterapeuta me passou um pedacinho de papel com um número de telefone. "Fiz uma pequena pesquisa para você e descobri um bom massoterapeuta craniovisceral em Santa Mônica. Não é muito longe de Malibu, é?"

"Não, é bem perto", respondi. "Muito obrigada, foi muita gentileza sua."

"Não se preocupe, Brandon. Eu realmente consigo ver essa coisa desaparecendo com muita facilidade. Você vai conseguir resolver isso."

Novamente a mesma frase — pela terceira vez! Naquele momento fiquei arrepiada. Realmente começava a parecer que o universo estava tentando me dizer alguma coisa. Se alguma vez eu tinha acreditado em alguma coisa semelhante a um sinal, então os sinais estavam surgindo de todos os lugares, e todos me indicavam a mesma coisa: VOCÊ VAI CONSEGUIR RESOLVER ISSO!

Segurando o pedacinho de papel, pensei: "Hummm, talvez esse homem seja as minhas migalhas de pão, a sinalização ao longo do meu caminho. Eu vou ligar para ele assim que chegar a Malibu."

6

A caminho de casa, vindo do aeroporto, com o pedaço de papel na mão, senti uma inesperada expectativa crescendo dentro de mim. Eu mal podia esperar para ver aonde o novo sinal iria me levar em seguida.

Apressando o passo transpus a porta da frente da minha casa em Malibu, peguei o telefone e disquei o número que estava escrito no papel; quem me atendeu foi a secretária do massoterapeuta. Ela me pediu muitas desculpas, mas ele só tinha horário disponível para dali um mês. Eu gostaria de marcar uma hora para aquela data?

Um mês? Eu não tinha um mês! Agora me restava menos de três semanas.

Senti como se alguém tivesse espetado um alfinete no meu balão. Como poderia estar acontecendo essa impossibilidade de ele me atender? Eu estava tão absolutamente *certa* de que ele fazia parte da minha jornada — era uma das minhas placas de sinalização. Até aquele momento tudo tinha corrido tão perfeitamente, de forma tão favorável — como se de algum modo eu estivesse conduzida. Isso não podia estar certo. Perguntei-lhe se tinha absoluta certeza.

"Tenho, sinto muito, a agenda dele está completamente cheia."

Murcha, desliguei o telefone, ainda não totalmente convencida. Dois minutos mais tarde eu liguei novamente: "Será que eu poderia ao menos falar com ele?"

"Ele está com um cliente."

"Você poderia lhe dar um recado?"

"Vou dizer a ele que a senhora ligou."

Naquela noite, às 22:45 eu recebi um telefonema que começou com uma enxurrada de desculpas pelo adiantado da hora. "Eu me chamo Benjamin — sou o massoterapeuta craniovisceral para quem telefonou..."

Conversamos até as 23:00, e ele me disse: "Se você não se importar de vir às sete da manhã, vou encaixá-la em quantas sessões eu puder de agora até a data dos seus novos exames. Você pode vir assim tão cedo?"

"Não posso deixar de ir. Estarei aí às 6:45."

Embora de manhã, bem cedo, nunca tivesse sido o meu melhor horário, eu estava empolgada por estar trabalhando ativamente a fim de me curar fisicamente e contente porque as coisas pareciam estar de novo entrando nos eixos.

No final da primeira sessão, Benjamin virou-se para mim enquanto eu pegava meu casaco e disse: "Fique sabendo que eu sinto que isso não vai se constituir em nenhum problema para você; chego quase a sentir que o tumor já está se curando. Eu sei que parece loucura, porque você fez seus exames a menos de três semanas, mas sinto que você vai conseguir resolver isso!"

Eu quase fiz coro com ele em voz alta! Balancei minha cabeça, sorri e acenei me despedindo: "Até amanhã." O que era aquilo: um mantra?

Benjamin me deu o nome de uma terapeuta de cólon muito boa. Fui atrás dela imediatamente e consegui uma consulta. Durante a nossa sessão, ela apalpou minha barriga e disse: "Sabe, eu sinto que isso vai sair muito rapidamente, mas há alguma antiga emoção guardada aí que você precisa liberar."

"Eu sei", murmurei calmamente. Eu estava bem consciente de que, apesar de estar ativamente empenhada em cuidar do meu corpo para me preparar para a cura, ainda não abordara o lado emocional — eu não tinha ainda chegado no âmago daquilo que dera origem ao tumor. Eu me examinei intimamente para verificar se estava evitando encarar o problema, e honestamente não senti que estivesse. Eu permanecia aberta e confiante, esperando ser guiada, e não tinha me sentido ainda levada a mergulhar na causa emocional do tumor.

Era preciso ter muita coragem e ainda mais paciência do que eu normalmente tinha para continuar confiando, já que estava consciente de que o tempo se esgotava! Naquela noite eu recebi o telefonema do meu querido amigo espiritual, Kabir, de São Francisco. Ele era oncologista, um médico especializado em câncer, e eu o escutei durante uma hora descrevendo detalhes médicos, a maioria dos quais não consegui entender muito bem. Um sentimento me tomou: "Tem de haver um motivo para eu estar ouvindo tudo isso." Finalmente, quase na hora de desligar, ele deixou sua posição de médico e voltou a falar como amigo, e então eu consegui falar alguma coisa a respeito. Disse a ele que não era minha intenção seguir os caminhos da medicina ortodoxa. Eu pretendia tentar me curar sozinha antes de dar aos cirurgiões a oportunidade de me cortar e queria realmente chegar até os meus problemas emocionais que eu sabia que estavam na raiz de tudo e descobrir a lição que essa massa pélvica tinha para me ensinar.

"Brandon, acabei de ter uma idéia! Você deve vir me visitar por uns poucos dias; eu descobri uma ótima terapeuta de corpo que ajuda as pessoas a se livrarem dos problemas emocionais represados enquanto lida com o seu físico — é um trabalho maravilhoso. Eu mesmo vou lá uma vez por semana. Ela é mágica! Eu realmente aproveito demais as sessões que faço com ela."

Para um médico, ele às vezes parece um tanto exagerado, mas alguma coisa naquilo que ele disse me atraiu e, mesmo se ela não fosse assim tão brilhante, eu poderia de qualquer modo ir ao centro local de meditação que havia lá, para meditar e assistir a alguns programas — além do que eu teria a oportunidade de estar com Kabir e teríamos algumas de nossas conversas espirituais.

"Vou ver se consigo alguns vôos promocionais. Se não for possível, então vamos aceitar que não era para ser assim."

Como se tivesse sido abençoada, consegui um daqueles superdescontos especiais em duas passagens para São Francisco apenas 48 horas mais tarde. Faltavam apenas duas semanas e meia para eu ter de voltar ao consultório da médica e lá estava eu novamente — CONFIANTE, CONFIANTE, CONFIANTE!

Fiquei muito contente quando descobri que Kabir já tinha marcado algumas sessões para mim. Por ser médico, aconteceu que ele quase não teve tempo de ficar comigo, o que para mim foi muito bom, porque senti quando desci do avião que alguma coisa importante estava para me acontecer em São Francisco.

Tomei uma decisão fora do comum quando resolvi não me hospedar na casa de Kabir, em vez disso reservei um quarto para mim e Don num pequeno hotel exatamente na mesma rua da terapeuta. Imaginando que eu ficaria apenas por uns poucos dias, pensei que poderia querer descansar entre as sessões e ficar bem calma para deixar meu corpo se curar. Além disso, o hotelzinho era virtualmente na rua em que ficava o centro de meditação, onde eu poderia meditar e ficar sentada em silêncio.

Alguma parte de mim intuitivamente sabia que chegara a hora de agüentar as conseqüências — voltar-me para dentro e me preservar. Eu não sabia quão importante essa decisão se mostraria.

7

À medida que eu subia os degraus para me encontrar com Surja, a massoterapeuta, alguma coisa dentro de mim começou a me fazer sentir trêmula e ligeiramente assustada. Fiquei imaginando o que significaria aquilo, mas deixei de lado enquanto tocava a campainha.

Uma mulher muito simpática me atendeu. Com um tom que inspirava confiança, ela me levou para a sala de tratamento, que era acolhedora, limpa e de certa forma simples e caseira. Perguntei-lhe para que serviam os ursos de pelúcia na cadeira. "Para as crianças, quando elas vêm aqui. Eles fazem com que elas se sintam seguras. Isso serve para alguns adultos também." Sorri e senti que eles realmente estavam ali para os adultos, o que parecia um pouco curioso, mas, do mesmo modo, carinhoso.

Ela estava queimando algum incenso perfumado e tinha retratos de um casal de mestres espirituais com quem tinha estudado. Embora a massagem fosse a sua especialidade, eu podia perceber que ela tinha um grande amor pelo Espírito e provavelmente tinha a mesma sede de aprender que eu.

Conversamos antes de começarmos, e contei a ela a história toda, do começo ao fim — que era a minha firme crença que as lembranças emocionais ficam armazenadas nas células do corpo e passavam de uma geração de células para a seguinte e que a verdadeira cura começa quando você libera essa memória celular. Fiz uma prece, de todo o coração, para finalmente enfrentar qualquer coisa que estivesse represada dentro do tumor e esperei que ela pudesse me ajudar.

Admiti para ela que, estando eu mesma na área do trabalho de mente–corpo, provavelmente já experimentara e fizera de *tudo* nos últimos vinte anos. Eu sentia como se tivesse experimentado todas as técnicas de cura disponíveis e imaginava que já tivesse resolvido todos os meus problemas emocionais. Assim, quando a minha barriga foi aumentando e aumentando, não tinha me ocorrido que alguma coisa poderia estar verdadeiramente errada. Tive de admitir que talvez tivesse ficado um tanto pretensiosa — achando que nada poderia acontecer comigo.

Deixei que ela soubesse de algo que eu não contara a ninguém — como tinha sido humilhante e como eu me sentira envergonhada não só por descobrir o quanto o tumor tinha crescido, mas também por perceber por quanto tempo eu ficara negando o que estava acontecendo. Eu simplesmente não quisera acreditar que alguma coisa poderia estar errada comigo, já que estava fazendo tudo certinho.

Ela me interrompeu para dizer: "Ouça, eu acho que você realmente estava fazendo tudo certo — o que me parece é que isso deve ser alguma coisa *antiga* da qual você tem de se livrar."

"Mas eu sinto como se tivesse feito todos os processos de cura que existem no planeta!"

"Bem, evidentemente o seu corpo não pensa da mesma forma! O fato de que um problema emocional tenha se manifestado fisicamente significa que *você finalmente está pronta para enfrentá-lo e liberá-lo.*"

Eu sabia que ela estava certa e balancei a cabeça concordando silenciosamente. Dava a impressão que partilhávamos as mesmas crenças com relação à saúde, e me senti muito à vontade com isso.

Continuamos a trocar idéias ligadas à nossa experiência quanto a diversas práticas terapêuticas e rimos de algumas coisas muito ridículas que havíamos tentado quando éramos mais jovens. Então começamos a contar nossas diferentes realizações espirituais. Passaram-se uns 45 minutos antes de percebermos que estávamos usando boa parte do precioso tempo da terapia com a nossa conversa.

Antes de começarmos, eu fiz uma prece silenciosa pedindo para ter coragem de enfrentar aquilo que estava armazenado dentro do tumor, fosse o que fosse. Eu então me abri e me entreguei interiormente, deixando-me expandir na quietude que vinha me acompanhando ao longo da minha jornada. Eu sabia intuitivamente que, sem dúvida, era dessa quietude que viriam todas as respostas — *não* da minha personalidade e certamente *não* do matraquear da minha mente. Se fosse para a minha mente *pensante* dar as respostas, àquela altura ela já teria feito isso. Como ela não o fez, meu único caminho era confiar: confiar em uma sabedoria *mais profunda*, a sabedoria responsável por fazer o coração bater, os olhos brilharem, o cabelo crescer; confiança na infinita inteligência responsável por fazer com que minhas células se reproduzissem; confiança naquela parte de mim que fica alerta enquanto eu durmo à noite. Eu sabia que deveria confiar e me entregar na minha mais pura essência — no meu eu real —, naquilo que eu sentia como "lar".

À medida que ela começou a me massagear, eu fechei os olhos e me senti relaxar mais e mais, em uma profunda paz, e de novo eu experimentei aquela sensação de que o tempo tinha parado — os meus sentidos completamente despertos e ainda assim minha mente em repouso total, com a presença de uma paz que parecia imensa, sem limites. Eu me senti ligada a tudo.

Enquanto fazia a massagem, Surja sugeriu: "Por que você, no olho da sua mente, não dá alguns passos em direção ao seu tumor e dá uma olhada lá dentro?" A sugestão dela parecia tão óbvia, mas me pareceu certa. Assim eu resolvi fazer exatamente isso. Quando eu cheguei no meu útero, não gostei do que vi. Tinha uma aparência assustadora, e pensei: "Vou sair já daqui. Não quero ver isso tudo." Mas a minha sabedoria interior mantinha em mim o pensamento de que havia uma razão para eu estar ali, e mais uma vez eu rezei pedindo coragem para enfrentar aquilo que fosse necessário. Eu tinha certeza de que iria encontrar alguma coisa que eu não suportaria ver.

Enquanto eu "passeava" por dentro do tumor, cheguei a um ponto particularmente escuro. Ao me aproximar daquela área, pude sentir o medo emanando das paredes. Espontaneamente, uma antiga lembrança de um profundo trauma de infância surgiu diante de mim. Na mesma hora, minha mente pensante e desconfiada entrou em cena e disse: "Não pode ser isso — eu sei tudo a respeito dessa lembrança — faz muito tempo que lidei com esse problema e o resolvi! Não era uma coisa *tão* grande — não pode ser a causa do que está acontecendo aqui... blá... blá... blá..."

Enquanto Surja continuava a me massagear, morrendo de vergonha eu contei a ela as críticas que a minha mente pensante estava fazendo. Ela me tranqüilizou, dizendo: "A sabedoria do seu corpo provavelmente está puxando por essa lembrança em particular por alguma razão. Por agora, por que você não vai adiante com o que está surgindo? Mesmo que a sua mente *pensante* esteja duvidando disso, o que você tem a perder?"

E assim eu continuei a olhar para a minha lembrança. Na minha mente, eu me vi passando pela cena em cores vívidas e em câmera lenta. Surpreendentemente, emoções inesperadas que eu havia enterrado e esquecido há muito tempo pareceram surgir e a verdadeira expressão de como eu me sentira na ocasião pareceu aflorar. Eu não tinha percebido o quanto aquilo tinha me afetado naquele momento. Eu tinha sido muito bem-sucedida, mesmo naquela época, em mascarar minhas verdadeiras emoções exibindo um rosto corajoso.

As lágrimas escorreram lentamente pela minha face.

Eu me senti muito isolada e não queria falar muito a respeito daquilo com Surja. E ainda assim eu sentia um profundo alívio por finalmente estar sendo verdadeira comigo mesma — retirando a máscara e me deixando experimentar a incrível vulnerabilidade e desamparo que eu sentira como criança que eu era naquela lembrança. Finalmente eu estava me deixando sentir as emoções naturais que eu reprimira na ocasião do trauma. De alguma forma, mesmo sendo uma criança pequena, eu aprendera que não era permitido demonstrar os meus sentimentos. E, ainda mais grave, eu não tinha sido capaz de admiti-los para mim mesma.

Assim, de uma maneira muito simples e pura eu estava afinal me permitindo experimentar o que tinha estado ali o tempo todo. Eu nunca me esquecera realmente dessa velha lembrança, e a "descoberta" dela não era uma verdadeira revelação. O que me causou surpresa foi a intensidade dos meus *verdadeiros* sentimentos — eu tinha tido tanto sucesso em reprimi-los que dera um jeito de me convencer que aquilo não era tão importante!

Contei a Surja um pouco do que estava se passando comigo, e ela gentilmente me perguntou: "Você sente que já encerrou esse capítulo?" Eu me examinei por dentro com a minha sabedoria interior. "Não."

"Por que você não imagina uma pequena fogueira de acampamento e põe todas as pessoas que fazem parte dessa sua lembrança lá, com você; e por que você não reúne as pessoas junto ao fogo para conversarem sobre as razões que as levaram a se comportar daquela forma e deixa que elas saibam seus verdadeiros sentimentos? Deixe que o seu eu mais jovem fale com elas como se elas estivessem aqui, agora."

Mais uma vez o que ela disse me pareceu uma boa idéia, por isso pensei em ir adiante — eu não tinha nada a perder. Nesse meio tempo, eu ainda estava recebendo uma deliciosa massagem relaxante. Surja parecia saber intuitivamente em que área eu estava acumulando tensão e a aliviava enquanto eu continuava no meu processo interior.

Dentro do olho da minha mente, eu me vi junto a uma fogueira crepitante. Os meus pais estavam lá — pareciam tão mais jovens e estavam vestidos no estilo rústico dos anos 1950 — e eu, aos quatro anos, idade em que passara por aquela lembrança emocional, lá estava, usando um vestidinho, parecendo muito desprotegida e insegura. O meu eu atual também estava lá, assim eu resolvi me dirigir ao meu eu mais jovem e convidá-la para se sentar no meu colo, para que ela se sentisse protegida e consolada.

Foi muito surpreendente o que foi dito junto à fogueira. Eu não tinha percebido a intensidade das emoções do meu eu mais jovem em relação a essa lembrança e me pareceu que meu eu menina tinha muita dor reprimida que precisava extravasar.

Finalmente ela conseguiu dizer o que não tinha sido capaz de expressar durante tantos anos. Parecia que anos de dor jorravam dela. Quando pareceu que ela não tinha mais o que dizer, eu me voltei para os meus pais e perguntei por que eles tinham se comportado daquela forma. Fiquei igualmente surpresa ao ouvir o que se passava com eles naquela ocasião e lágrimas de compaixão brotaram em meus olhos e eu, finalmente, compreendi a origem da dor deles e o quanto eles tinham se sentido frustrados e impotentes. Minha irmã tinha morrido afogada com quatro anos de idade e infelizmente a dor indescritível que eles sentiam às vezes atingia os outros filhos.

A conversa ao pé do fogo continuou até que finalmente pusemos para fora tudo o que sentíamos, depois de dividirmos o que de mais fundo havia em nossos corações. E o meu eu infantil, afinal, pela primeira vez, entendeu verdadeiramente como e por que tudo aquilo tinha acontecido. Me senti em paz — simplesmente em paz, com uma sensação de verdadeira compreensão.

Contei a Surja uma versão bem condensada do que tinha acontecido, e ela me perguntou mais uma vez se eu, por fim, sentia que havia encerrado aquela antiga questão. Eu me examinei por dentro. "Não, ainda há alguma coisa me incomodando, mas eu não sei o que é — é apenas um sentimento de que alguma coisa mais precisa acontecer."

Eu me senti perdida. Sabia que não havia sentido nenhum em voltar para a minha mente pensante, que só me daria alguma resposta óbvia aparentemente lógica que já tinha se mostrado incapaz de ajudar a me curar, ou então iria me criticar e me dizer o quanto tudo isso não passava de uma tolice.

Assim, mais uma vez, eu me senti receptiva, confiante e entregue ao meu silêncio — sabia que as respostas viriam dali. Como o silêncio se tornou vasto e muito difuso, isso deteve a minha mente e, novamente, fiquei admirada com a beleza da paz que parecia irradiar da minha alma. Os meus pensamentos entraram em repouso, à medida que o silêncio pareceu encher a sala.

Da profundeza do silêncio, ouvi as palavras (melhor dizendo, de alguma forma eu as senti): "Você precisa perdoar os seus pais."

40 A Jornada

Isso me atingiu como se fosse uma pedrada. Sabia que isso era verdade. Era tão óbvio, mas nunca tinha me ocorrido antes. Por isso, no olho da minha mente, eu reconstruí a fogueira e coloquei meus pais ao lado do fogo. Então, interiormente, o meu eu mais jovem perdoou a ambos — do jeito inocente de perdoar das crianças. Senti como se o meu coração estivesse se partindo à medida que as palavras de perdão vinham aos meus lábios. O perdão foi absolutamente autêntico e partiu do mais fundo da minha alma.

As lágrimas rolaram pelo meu rosto. A paz invadiu o meu corpo, a paz da conclusão. Uma verdade simples surgiu dentro de mim, o conhecimento de que A HISTÓRIA ESTAVA ENCERRADA!

Enquanto eu permanecia ali, deitada na mesa de massagem, comecei a sentir uma sutil mas palpável energia percorrendo os meus braços e pernas, circulando então por todo o meu corpo. Em algum lugar lá dentro eu sabia que a cura do tumor havia começado.

Depois de pouco tempo, Surja gentilmente me informou que estava na hora de acabar a sessão. Tinha durado duas horas, mas dava a impressão de ter sido muito mais rápida do que isso! Sentei-me devagar, sentindo-me um pouco tonta, e ela me trouxe um copo d'água.

Ela me sugeriu que talvez fosse bom para mim voltar ao hotel, quem sabe tomar uma sopa, descansar e apenas deixar que o processo interno continuasse. Concordei silenciosamente; não sentia muita disposição para falar e calmamente me preparei para descer da mesa de massagem.

No meu íntimo, a minha mente pensante e desconfiada se insinuava vagarosamente e agora chegava com força total me dizendo frases do tipo: "Isso não foi grande coisa — então você descobriu uma velha lembrança — e daí?... Você já fez esse tipo de coisa antes ... Esteve lá, fez isso, pegou a camiseta ... Tudo isso está apenas na sua cabeça, em sua imaginação..." e assim por diante.

Eu deslizei para fora da mesa, minha mente matraqueando sem parar, e fui pegar minha roupa. Quando estiquei o braço para fora para alcançar a minha calça, perdi o equilíbrio e me senti tonta e cambaleante. Precisei agarrar-me a uma cadeira e me sentar.

Naquele momento, a minha mente cessou de me criticar e silenciosamente voltou todo o seu foco para o que estava acontecendo em meu corpo. Pensei: "Droga! — alguma coisa está acontecendo aqui — alguma coisa grande!", e eu dirigi minha mão para baixo para tocar a minha barriga esticada-como-um-tambor, para descobrir que realmente ela estava um tiquinho menos tensa! Pensei: "Devo estar sonhando; as coisas não acontecem tão rapidamente." Minha mente começou a disparar — não conseguia compreender o que estava acontecendo. Eu me sentia mal no corpo inteiro. Tudo o que eu queria era ficar deitada.

O meu marido, Don, já me aguardava na sala de espera, e eu não queria que ele percebesse o quanto eu estava me sentindo mal. Eu estava extremamente desorientada — podia sentir que as coisas dentro de mim estavam se movendo muito depressa, mas se eu precisasse explicar o que isso significava, eu sabia que não conseguiria.

Cuidadosamente, andei até o carro. Quando cheguei no quarto do hotel, fiquei indescritivelmente grata por poder me enfiar entre aqueles lençóis limpos e apenas me aninhar e descansar, enquanto o que quer que estivesse acontecendo prosseguisse.

Continuei "processando" pelo resto do dia e durante a noite. Dormi intermitentemente. Acordei no dia seguinte sentindo-me fraca e vulnerável, desorientada. Tudo estava acontecendo tão rapidamente. Tinha a impressão de que as moléculas do meu corpo estavam zumbindo e se movendo, e quando toquei o que tinha sido a minha barriga dura e intumescida, semelhante à de uma grávida, ela estava parecendo uma gelatina.

Por três dias me senti fraca e desorientada. Eu me sentia em carne viva e exposta, enquanto meu corpo prosseguia no processo de fazer o que sabia que tinha de ser feito. Eu tinha certeza absoluta de uma coisa: "Eu" não estava no comando — o meu corpo, em sua sabedoria, tinha eficientemente assumido o encargo e estava modificando minhas células de forma natural e perfeita, espontaneamente, sem que eu precisasse pensar em nada.

Estranhamente, minha mente afinal ficou quieta — não tinha mais críticas a fazer. O fato de que as coisas estavam correndo muito bem sem a interferência dela era extremamente evidente, não tinha mais o que comentar a respeito. Eu repousava em uma paz que me envolvia por completo, sentia-me como uma criança, inocente, completamente feliz por *não* entender nada do que estava acontecendo dentro de mim. Apenas descansava aliviada na doce e aconchegante aceitação daquilo que se apresentara. O corpo em sua sabedoria estava fazendo o seu próprio milagre interior, e tudo o que eu podia fazer era descansar, agradecida e entregue.

Enquanto descansava em silenciosa contemplação, ocorreu-me que todo o tempo em que eu pensara que o tumor estava grudado em mim, na verdade era *eu* que estava grudada *nele* — protegendo-me da lembrança e dos sentimentos dolorosos armazenados lá. E quando finalmente descobri a lembrança e os padrões emocionais ligados a ele e encerrei a história, foi nesse momento que a necessidade de ter o tumor finalmente terminou. Já que as questões estavam encerradas, curadas e perdoadas, o tumor podia ir embora. Ele tinha cumprido o seu objetivo e me ensinado a sua lição.

Fazendo um retrospecto, era como se eu tivesse literalmente enfiado a lembrança dolorosa em uma caixa e posto uma tampa sobre ela. Para manter a lembrança enclausurada, as células então haviam crescido mais e mais, protegendo-me da necessidade de precisar enfrentá-la ao longo dos anos. Ou pelo menos era isso que parecia.

8

Faltavam apenas dez dias agora para eu voltar ao consultório da médica. Dia após dia, meu abdômen ficava cada vez mais achatado, embora com a aproximação da data marcada eu pudesse perceber que ele ainda não estava totalmente desinchado.

Nessa ocasião eu já tinha voltado a Malibu e decidi tentar acelerar minha cura. Pedi a alguns dos meus amigos mais chegados para me ajudar no processo de memória celular por mais duas vezes, embora usando pontos de acupressura relacionados com meus órgãos internos em vez de massagem.

Novamente, eu me entreguei profundamente ao silêncio e espontaneamente a sabedoria interior trouxe à tona mais algumas lembranças — diferentes da primeira, mas todas centradas no mesmo tema. Descobri que estava me perdoando, tanto quanto às outras pessoas envolvidas, mas percebi que estava apenas aprendendo diferentes aspectos da mesma lição.

Era como se houvesse uma questão fundamental e eu tivesse de passar a vida repetindo o mesmo padrão, cometendo os mesmos erros dolorosos, mas com pessoas diferentes. Era como se eu tivesse uma série de lembranças que se parecia com um colar de pérolas — mesmo que cada lembrança ou pérola tivesse um formato, tamanho ou matiz diferente, elas eram essencialmente iguais. E eu senti que naquele dia com Surja tínhamos arrebentado esse colar e agora todas as pérolas estavam se soltando — todas as lembranças estavam apenas se encerrando e indo embora. Quando terminávamos cada processamento, eu sentia mudanças e movimentos no meu corpo que continuavam durante horas.

Dois dias antes da minha consulta com a médica, eu ainda sentia o meu tumor. Ele diminuíra incrivelmente de tamanho, mas ainda não tinha sumido completamente. Assim, quando me sentei no consultório da médica, esperando para ser atendida, o meu coração começou a disparar. Eu sentia uma mistura de excitação, antecipação e medo me invadir; meus joelhos estavam bambos e as minhas mãos úmidas. Mais uma vez eu me sentava lá com medo do pior, esperando pela médica para acalmar o surto.

Novamente, passamos por um exame completo, somente que dessa vez a médica falou comigo como se houvesse uma evolução. Ela mencionou que tinha enviado as amostras dos exames anteriores para análise a fim de saber se a massa era benigna ou maligna, mas elas tinham sido completamente contaminadas por todo aquele sangue, por isso ela precisaria refazer os exames. E eu só ficava pensando: "Não quero saber dos exames anteriores, só me diga o que está se passando *agora*."

Enquanto ela estava falando, eu me lembrei de repente que um ano antes o resultado do meu exame Papanicolau tinha acusado um grau pré-canceroso. Numa escala de um a cinco, sendo cinco o grau correspondente ao câncer, eu tinha ficado no grau três. Naquela ocasião não me preocupei, já que o meu terapeuta alternativo tinha descartado o resultado, dizendo que muitas coisas podiam contribuir para um resultado de esfregaço pré-canceroso — até mesmo uma infecção vaginal. Assim, eu devia me esquecer

46 A Jornada

disso. Agora eu percebia que deveria ter investigado o resultado mais a fundo.

Finalmente a médica me disse: "Bem, houve uma grande melhora. A massa pélvica parece ter diminuído significativamente — do tamanho de uma bola de basquete para o de um melão de quinze centímetros."

Essas palavras caíram nos meus ouvidos com um ruído surdo.

"Um melão de quinze centímetros... você tem certeza de que ele ainda está desse tamanho?", perguntei-lhe. A decepção tomou conta de mim.

"É uma grande diferença, Brandon: ele foi do ponto onde pressionava seu diafragma, sete centímetros e meio acima da sua cintura, para cá, cinco centímetros abaixo da cintura. Eu posso rodear o alto dele com a minha mão direita. Aqui, toque-o com a sua própria mão — dá para senti-lo?"

"Sim", eu respondi, lutando para não chorar.

"Pense em uma bola de basquete." (Ela me mostrou o tamanho com as mãos.) "Agora pense num melão de quinze centímetros de diâmetro." (Ela me mostrou mais uma vez o tamanho com suas mãos.) "É uma mudança significativa"... uma pausa longa ... "Mas ainda não é suficientemente significativa, Brandon. Você ainda precisa removê-lo cirurgicamente."

Virei o rosto para o outro lado para que ela não visse enquanto eu enxugava os olhos e lhe perguntei se poderíamos falar a respeito disso na sala dela. Eu achava que ele tivesse diminuído *muito* mais do que aquilo. Quando me sentei com ela, suas palavras pareciam vir através de uma névoa. Ela percebeu claramente que eu ficara perturbada e estava tentando me acalmar, enquanto permanecia firme na condução do caminho que ela achava que eu deveria seguir.

A Jornada   47

"É uma grande melhora, Brandon. Não precisa ficar desapontada. Evidentemente você esteve fazendo alguma coisa para se curar, mas eu sinto que preciso informá-la que os tumores são conhecidos por serem voláteis e podem oscilar radicalmente de tamanho — foi por isso que o seu tumor explodiu em tamanho nas seis semanas anteriores à sua primeira consulta. Não há nada que garanta que ele não vá ter um novo crescimento explosivo. Você precisa ser 'realista' a esse respeito, Brandon. Precisa fazer os exames para determinar a natureza dele e, assim que eles estiverem prontos, deve removê-lo cirurgicamente. Este é o meu conselho para você. Isso não é para ser tratado superficialmente — uma massa do tamanho de um melão ainda é um tumor muito adiantado."

Tudo o que ela tinha dito fazia sentido do ponto de vista lógico, mas tudo dentro de mim dizia "Não!". Eu ficara sentada em silêncio enquanto ela falava, aparentemente não oferecendo a menor resistência — apenas tentando assimilar suas palavras e avaliar verdadeiramente a sua validade. Não havia dúvida de que o que ela dizia fazia sentido, mas a sabedoria interior de "você vai conseguir resolver isso" era ainda muito forte para mim.

À certa altura, em um tom ligeiramente desinteressado, ela me perguntou o que eu tinha feito durante aquele mês para chegar a uma mudança tão drástica. Eu me animei, esperando que ela realmente pudesse estar interessada em ouvir sobre a intensa jornada emocional de cura que eu empreendera. Inocentemente, disparei a contar com grande entusiasmo a minha história. Ela logo me interrompeu.

"Não, não! Eu quero apenas fatos. O que você tem feito *fisicamente*? Que tipo de comida tem ingerido? Que ervas vem usando, se é que tem tomado alguma? A sua alimentação mudou significativamente? E a sua atividade física? Eu quero apenas *fatos* para o meu registro."

Então eu comecei a fazer uma lista de todas as ervas, enzimas, minerais coloidais, terapia de cólon e massagens, e terminei dizendo que a minha dieta era 100 por cento composta de frutas e vegetais frescos e crus, combinados com sucos de frutas espremidas na hora.

Ela anotou tudo, fechou a pasta e disse secamente: "Bem, você pode se manter como uma consumidora de alimentos crus para o resto da vida, se acha que foi isso que causou a mudança", enquanto exibia um sorriso retorcido e sarcástico que parecia deslocado naquele rosto que normalmente era bonito.

Internamente, uma porta bateu. Parei de me sentir como uma vítima desprotegida e percebi: ela não era o tipo de médico que quer enxergar o quadro *completo*, os fatos *reais*, que incluem o lado emocional das coisas. A médica só aceitava a idéia que *ela* fazia do que eram fatos! Eu percebi que não havia mais espaço para nenhuma discussão e alguma coisa dentro de mim disse: "CHEGA!"

De modo simples e de certa forma um pouco brusco, eu agradeci a ela pelo tempo que me dispensara e lhe disse que eu não acreditava que o tumor fosse aumentar e diminuir e aumentar novamente, mas que eu realmente estava em uma jornada de cura. Eu estava decidida a respeitar o meu corpo e daria a ele o tempo de que ele precisasse para completar o processo de cura.

Ela me olhou muda de surpresa e em seguida ficou muito desagradável em sua tentativa de me persuadir de que eu estava vivendo na terra da fantasia, repetindo sua afirmativa de que minha única opção era a cirurgia. Olhei para ela enquanto ia saindo e senti uma estranha combinação de pena e desgosto — a cura envolve apenas o alimento que comemos e os remédios que tomamos? Percebi que aquele era apenas o seu modelo de mundo e que a culpa não era dela — o treinamento pelo qual passara era necessariamente limitado. Os médicos são treinados para trabalhar nos

A Jornada 49

corpos, do mesmo modo que os mecânicos são treinados para trabalhar em carros. Eles entram no campo da cura ostensivamente para ajudar as pessoas a ficarem boas, mas de algum modo ao longo do caminho eles se esquecem de que as pessoas não são só os seus corpos. *Temos* corpos, mentes e emoções, mas o aspecto mais importante do que *somos* é a alma — alguma coisa que não pode ser tocada, examinada ou cirurgicamente removida.

Enquanto ia para casa, eu me sentia muito contente pelo lampejo de entendimento que a falta de compreensão dela tinha me proporcionado. Os argumentos dela tinham sido muito sedutores e eu tinha começado a aceitar a idéia que os médicos fazem de como curar as pessoas — consertando-as com a retirada de algumas partes. Fora preciso a total falta de interesse dela pelo restante da minha jornada de cura para que eu pudesse perceber mais uma vez que precisava seguir a minha verdade, não interessava o quanto pudesse parecer tola vista do lado de fora. Era uma escolha difícil porque, diferentemente de atacar o tumor a partir do plano puramente físico, não seria possível ver, tocar, nem mesmo "examinar" as mudanças emocionais que estivessem ocorrendo interiormente; e ainda assim, para mim, eram tão reais quanto as alterações físicas que as acompanhavam como resultado direto.

Naquele momento eu me senti muito sozinha. Evidentemente eu sabia que isso não era verdade, já que eu tinha amigos e uma família que me davam todo apoio que eu precisasse, mas ainda assim eu me sentia só. Percebi que há um caminho que cada um deve seguir sozinho, o seu caminho exclusivo de cura, que é uma experiência que ninguém pode viver por você. A transformação espiritual é uma jornada interior — é o caminho pessoal da alma para aprender e liberar, e é alguma coisa que as pessoas precisam experimentar sozinhas.

9

Quando entrei em casa, havia uma mensagem de Don na secretária eletrônica. Ele estava no Havaí preparando-se para um seminário de Tony Robbins, com duas semanas de duração, chamado Mastery. Ele tinha lembrado da minha consulta com a médica e queria saber como ela tinha corrido — ele parecia entusiasmado e solidário. Eu realmente senti que precisava falar com ele, para contar o que estava acontecendo, mas me senti intimamente envergonhada — como se tivesse fracassado — porque eu ainda não estava totalmente curada.

Ao pensar em Don e nos meus amigos no Havaí, eu me senti ainda mais sozinha. Alguns dos meus melhores amigos estavam lá. Não queria que ninguém soubesse — eu sabia que estavam torcendo por mim e que ficariam muito decepcionados. Eu sabia que precisava dar mais um tempo.

Então me lembrei da minha primeira conversa com Tony: "Não se preocupe, você vai conseguir resolver isso. Vejo você no Mastery." Eu não tinha conseguido me curar até o Mastery. O meu fracasso era tão evidentemente óbvio.

A mulher de Tony, Becky, havia me telefonado três dias antes, insistindo carinhosamente para que eu fosse ao Mastery. "Você não precisa trabalhar; pode ir e só assistir... ficar lá para dar um apoio a Don." Eu fiquei emocionada por ela me procurar, mas respondi calmamente: "Beck, significou muito para mim você ter ligado, mas este é um momento em que eu preciso me entregar inteiramente à minha jornada de cura. Tenho estado lá em função de tantas pessoas durante os 13 últimos anos, mas agora não é momento de dar algo aos outros, mesmo que seja só nos bastidores ... Eu prometi que por uma vez eu permaneceria dando apoio apenas a mim mesma, e que me empenharia ao máximo para isso." Eram palavras difíceis de serem ditas, já que de alma e coração eu queria estar lá para ajudar no Mastery, mesmo sabendo que precisava manter a promessa que eu fizera a mim mesma.

Eu sabia que Don não estaria disponível para conversar até tarde naquela noite, por isso decidi ligar para meu amigo Skip, para confessar meu "fracasso" para alguém e pelo menos tirar aquele peso do peito. Ele fora uma das oito pessoas para quem eu tinha contado sobre a minha jornada de cura e estivera comigo desde o princípio. Ele tinha pressionado os meus pontos de acupressura nas duas sessões em que eu continuara o trabalho em mim e realmente me vira num processo de intensa e eficaz transformação. Ele vinha sendo irrepreensivelmente solidário durante todo o tempo, e imaginei que poderia, pelo menos, me ajudar a clarear as idéias.

Skip atendeu o telefone com seu entusiasmo costumeiro: "Oi, Brandon! Como é que foi?"

"Na verdade, não tão bem quanto eu esperava. Apenas passou do tamanho de uma bola de basquete para o tamanho de um melão de quinze centímetros." Contei-lhe tudo o que acontecera durante a consulta com a médica.

"Ei! Ei!... espere um pouco, Brandon. Você disse que o tumor passou do tamanho de uma bola de basquete para o de um melão? ... isso é incrível ... você é admirável! Com o que você está preocupada? ... ele está diminuindo. Não ligue para o que a médica lhe disse; olhe apenas os *resultados*. Você *sabe* que ele não vai crescer e murchar — VOCÊ SABE o que causou essa mudança. Eu estava com você na maior parte do tempo em que isso aconteceu!"

Então, chamando minha atenção como se falasse com uma criança, ele disse: "Você sabe mais do que isso. Essa não é a Brandon que eu conheço! OLHE O QUE VOCÊ JÁ FEZ. ELE ESTÁ SE DESFAZENDO, BRANDON!!! É só uma questão de tempo... espere mais uma semana ou duas. Na velocidade em que ele está se modificando, sua barriga vai ficar achatadinha *já, já*! Afinal, o que é que você está pensando?"

O seu entusiasmo desenfreado, junto com a absoluta certeza que ele tinha de que eu iria ficar boa e a sua incredulidade diante do estado em que eu estava eram contagiosos e me fizeram rir de mim mesma. Timidamente, tive de admitir que ele deveria estar certo.

"Mas, Skipper, é difícil manter-se forte quando uma médica lhe diz na cara que você está com a cabeça cheia de besteiras."

"Ela está cheia de besteiras!", ele disse, rindo como se quisesse dizer "não é essa a minha intenção". "Ela não sabe a intensidade do processo pelo qual você passou, ou a entrega e a confiança que lhe custaram para realmente olhar para aqueles velhos e jurássicos problemas que estavam escondidos dentro daquele tumor. Ela não sabe como você se libertou. Você está radiante, Brandon. Olhe-se no espelho. Tenha dó!"

O entusiasmo dele me venceu, baixei a guarda.

"Dispense essa médica, Brandon. Ela não sabe quem você é. Ela não sabe do que você é capaz. Escute aqui, a minha mulher está indo a um médico incrível aqui no hospital Cedar Sinai. Por que você não liga para lá e tenta conseguir uma consulta, digamos, para daqui a duas semanas? O seu tumor já deve ter desaparecido até lá. Você conhece o Cedar — é um dos melhores do país. Eles têm um incrível equipamento de alta tecnologia que tem sido usado nos exames da Jill [a mulher dele, que na ocasião estava passando por uma gravidez problemática] e o pessoal é muito bom. Quer que eu dê uma ligada para lá? Eles são *mestres*, Brandon. Você deve ser examinada pelos melhores. Você precisa descansar sua cabeça."

Eu disse um sim meio hesitante, imaginando se o tumor realmente teria desaparecido dali a duas semanas.

"Daqui a pouco eu ligo novamente para você. Vou ver o que consigo fazer."

Cinco minutos mais tarde, ele voltou a ligar, todo animado: "Ei, eu consegui uma consulta não para esta quarta-feira, mas para a próxima. Você vai adorar o consultório deles, tudo é muito bonito. Pode ser que você tenha de esperar umas duas horas porque parece que eles estão realmente com a agenda lotada, mas eu garanto a você que vai valer a pena."

Durante a semana e meia seguinte eu fiquei maravilhada por ver que as palavras de Skip com relação ao tumor diminuir estavam se cumprindo. O meu ventre ficava cada dia mais baixo à medida que a semana se escoava. Quando fui ao massoterapeuta, ele ficou insistindo: "Brandon, eu tenho a sensação de que não há nada mais aí. Não consigo senti-lo mais com as mãos, por mais fundo que eu procure."

A minha terapeuta de cólon fez eco ao que ele estava sentindo, dizendo que ela sentia intuitivamente que eu me livrara de anos de bagagem emocional. E durante todo o tempo eu continuei ingerindo as ervas, comendo apenas frutas e vegetais crus, bebendo litros de suco de frutas espremidas na hora, tomando os minerais e dando apoio ao meu corpo — mais esbelto e cada vez mais vibrante — da melhor forma que eu sabia.

10

Na quarta-feira seguinte, quando fui à consulta, eu me sentia tranqüilamente animada, um pouco assustada e inocentemente esperançosa. Skip tinha razão — precisei esperar mais de duas horas, já que a sala de espera parecia uma corrente contínua de mães grávidas e mães com seus bebês. Eu tentei interessar a minha mente agitada nas revistas espalhadas por ali, mas descobri que estava muito inquieta na antecipação do exame.

Finalmente, uma enfermeira apareceu e chamou o meu nome; fui levada por um corredor, passando ao lado de diversas portas abertas pelas quais eu via toda a sorte de equipamentos de aparência muito complexa. A enfermeira pediu que eu me trocasse, enquanto ela orgulhosamente explicava as diversas peças de equipamento da sala em que estávamos. "É a mais recente tecnologia e, com ela, a médica pode ver minuciosamente dentro dos seus órgãos. Se você quiser, ela gira o monitor na sua direção para que você possa ver o que ela está fazendo. Você vai achar a médica muito solícita — ela vai lhe explicar tudo enquanto vai fazendo as imagens. Temos também ainda o recurso mais moderno — as grávidas adoram isso — é uma máquina que revela as imagens logo depois que elas são feitas. É como se fosse uma Polaroid. As grávidas gostam de levar a 'foto' para casa para mostrar o bebê 'no útero'. Se você quiser, peça à médica e ela lhe dará as suas imagens."

Fiquei pensando em como tudo isso era técnico, mas me senti bem com a amabilidade da enfermeira, e quando ela saiu meu coração começou a bater mais rápido enquanto eu ficava sentada lá naquela sala fria cheia de equipamentos, esperando pela médica.

Cinco minutos depois ela entrou animadamente, sem estar vestida com a roupa branca característica dos médicos. Gostei dela na mesma hora. Falamos sobre Skip e sua mulher Jill e como eles formavam um casal maravilhoso e, finalmente, chegamos ao propósito da minha consulta.

Já tinha resolvido que não contaria a ela a minha história inteira. Eu desejava uma opinião nova, *imparcial*, baseada nos resultados técnicos, não no diagnóstico da médica que me atendera antes. Então contornei, dizendo: "Tenho 39 anos, e a minha ginecologista achou que seria uma boa idéia fazer um exame de ultra-som completo; ela está preocupada achando que eu tenho um pequeno tumor, e como estou na idade propícia para isso acontecer..."

Ela me interrompeu para perguntar: "No útero, nos ovários... onde?"

"Na verdade, ela não me disse a localização", respondi tentando me manter vaga em relação ao diagnóstico e não me comprometer.

"Então, por que não fazemos um exame de toda essa área? Assim teremos o quadro completo. Temos uma peça nova do nosso equipamento que foi comprada recentemente e que torna o exame muito mais acurado e a observação mais fácil. Pode não ser muito confortável, porque significa que vou precisar pôr o instrumento ·dentro de você, mas eu prometo que tomarei o máximo cuidado. Desse modo poderemos ver tudo de todos os ângulos.".

Respondi que o que eu realmente desejava é que o exame fosse tão nítido e completo quanto possível e gostaria de cooperar com tudo o que ela achasse necessário fazer. O exame durou muito mais do que a enfermeira tinha dito. A médica era muito falante, e claramente fez o máximo que pôde para me deixar à vontade enquanto lidava com um assunto muito clínico e descritivo.

Delicadamente, ela virou o monitor na minha direção para que eu pudesse olhar enquanto ela prosseguia examinando meus órgãos. Depois dos primeiros cinco minutos, ela disse com voz alegre: "Bem, antes de tudo, eu *não* estou achando nada. Preciso ir mais adiante e dar uma olhada em seus ovários e na parte superior do útero, mas já é um bom começo."

Ela explicou que para conseguir uma imagem mais precisa usaria a nova máquina que tinham comprado e tentou me fazer rir durante as partes mais desconfortáveis, atraindo constantemente a minha atenção para a tela, longe do meu corpo.

"Veja: este é o seu ovário esquerdo... parece tudo em ordem aqui. Por que não tiramos um instantâneo dele para podermos examiná-lo com mais calma quando tivermos acabado o exame?" E assim continuamos por mais vinte minutos, verificando tudo de todos os ângulos — ou pelo menos era isso que parecia.

Quando terminamos, ela exclamou: "Você não só está em ordem — está literalmente ótima! Seus órgãos não poderiam estar em melhores condições." Ela separou algumas imagens e pegou um livro de medicina para fazer a comparação.

"Veja, este é um útero perfeito... Agora veja as suas imagens. Os órgãos estão *exatamente* onde deveriam — perfeitos quanto ao tamanho, à posição e à proporção; perfeitos em todos os sentidos... O que é notável para alguém da sua idade... Vou lhe dar um atestado de saúde perfeita. Gostaríamos de mandar o seu diagnóstico e as imagens para a sua médica; passe os dados para a enfermeira e ela ligará para a sua médica e enviará tudo para onde você desejar."

Quando voltei à recepção para preencher o cheque de pagamento pelo exame, fiquei chocada pelo preço cobrado por aquele diagnóstico feito em meia hora. Mesmo assim, eu nunca tinha exibido um sorriso tão largo ao escrever um cheque num valor tão elevado. E eu não conseguia escrevê-lo com a rapidez que queria. A minha vontade era sair dali o mais rápido possível!

Enquanto caminhava pelo corredor em direção ao elevador, fiquei observando para ver se ninguém estava me olhando e, quando a "costa estava limpa", dei três pulinhos e deslizei até parar em frente à porta do elevador. Quando saí ao ar livre, debaixo daquele sol, mais uma vez me senti tocada por Los Angeles me parecer tão bonita. Recuperara a percepção de como a vida é preciosa e o quanto eu estava grata por estar viva. Tive uma sensação de respeito e admiração diante da constatação do milagre surpreendente que se encontra guardado no corpo humano — de que forma a infinita sabedoria que sabe como fazer nossos corações baterem, nosso cabelo crescer, essa impressionante perfeição do conhecimento interno que segrega exatamente a quantidade exata de hormônios no momento certo, tinha feito a sua mágica. Esse poder interior surpreendente que fica desperto, trabalhando enquanto dormimos, é um dom espantoso. Que mistério formidável.

Aconteceu exatamente como a minha sabedoria interior tinha me dito que aconteceria: a mesma parte responsável pelo surgimento do tumor encarregara-se de desfazê-lo, e eu tinha recebido a maravilhosa graça de poder participar do processo, aprendendo o que o tumor tinha para me ensinar.

Eu me senti a pessoa mais feliz do mundo.

11

No caminho de casa, eu estava impaciente como um cavalo prestes a disparar — mal podia esperar para chegar em casa para poder telefonar para Don, que estava encerrando o programa Mastery no Havaí. Quando cheguei, corri para o telefone, sem nem mesmo pensar que horas seriam lá, e decidi arriscar e telefonar para a portaria para ver se alguém poderia chamá-lo no salão do seminário. Efetivamente eles o acharam no *hall*, não muito longe dos telefones.

"Alô, Brandon... você está bem?" Ele sabia que não era do meu feitio ligar quando ele estava em sessão.

"Siiim... voltei agora do hospital... e fui diagnosticada como uma pessoa de saúde perfeita! O tumor desapareceu completamente!"

Fiz uma pausa... enquanto ele digeria o que eu acabara de dizer.

Disparei a contar a história inteira quando ele me interrompeu, exclamando: "Isso é inacreditável!... Você é demais!"

Naquela noite, a história já tinha chegado a todos os treinadores — não apenas que eu tinha tido um tumor, mas que o tinha curado em apenas seis semanas. Quando Tony soube da notícia, ele apenas comentou: "Eu sabia que ela ia resolver isso. Em nenhum momento achei que isso pudesse ser um problema para ela — realmente não achei. Não esperava nada menos do que isso."

Fiquei contente por ter decidido contar sobre o tumor apenas para as pessoas que tinham *certeza* de que eu poderia me curar. Eles tinham me dado apoio o tempo todo, especialmente naqueles momentos em que eu começara a duvidar de mim mesma.

Foi apenas no Mastery seguinte, seis meses mais tarde, que eu tive a oportunidade de encontrar-me com os outros treinadores meus amigos e recebi muitos cumprimentos e tapinhas nas costas. E depois, mais uma vez, nossos corações e mentes voltaram-se entusiasticamente para o seminário, concentrados em ajudar os participantes.

O Mastery é um programa muito eficaz em que oradores do mundo todo — pessoas que estão no auge de suas profissões, verdadeiros mestres nas atividades que escolheram — reúnem-se para compartilhar seu conhecimento e *expertise* com mais de mil participantes. Entre esses mestres, temos oradores como o General Norman Schwarzkopf, o Dr. Deepak Chopra, o Dr. John Gray e Sir John Templeton, para citar alguns.

Faltava uma meia hora para o Dr. Chopra subir ao palco. Eu estava realmente esperando para ouvi-lo — sempre me senti muito inspirada por ele no programa Mastery pela eloqüência com que fala sobre a cura física e como ela acontece, de uma perspectiva estritamente científica.

Ele é, provavelmente, o orador mais articulado sobre o assunto da cura celular no campo da cura mente–corpo na atualidade. Como endocrinologista respeitado, ele assume uma abordagem radical. Em vez de estudar as falhas e a sintomatologia que cercam as pessoas que morrem, ele prefere concentrar-se nos casos bem-sucedidos e fazer um estudo do processo dos sobreviventes que curaram a si mesmos de doenças graves.

Eu estudara com Deepak anos antes de ele começar a freqüentar o Mastery, não tendo a menor idéia de como o seu trabalho influenciaria e ajudaria na minha própria jornada de cura. Eu nunca tinha percebido como os incontáveis estudos de caso de pessoas que tinham sido bem-sucedidas em sua autocura, em comparação com os que não tinham sido, acabariam por se constituir num modelo fundamental e inspirador para mim. Eu tinha lido sobre pessoas com câncer no cérebro, câncer nos ossos — pessoas com doenças muito mais graves do que eu jamais sofrera — curando-se num tempo recorde. Uma mulher que estava com o corpo todo tomado pelo câncer, que tinha recebido o prognóstico de que morreria em três horas, acordara na manhã seguinte totalmente curada. Por isso eu sabia que, se os outros conseguiam isso, eu certamente tinha uma boa chance. Foi por seus exemplos maravilhosos e os daqueles a quem ajudei e com quem trabalhei ao longo dos anos, que eu não tive *nenhuma dúvida* de que a minha própria jornada de cura era possível.

Assim, naquele dia em que Chopra iria falar, eu me sentia particularmente grata tanto pelo homem quanto por seu trabalho, e fiquei no saguão pensando na minha boa sorte quando Tony veio em minha direção.

"Ei, Brandon, por que você não sobe no palco antes do Deepak? Você tem dez minutos... conte a todos o que aconteceu e exatamente o que você fez para se curar. Você é um exemplo vivo precisamente do que Deepak vai falar — vai ser um modelo muito forte para as pessoas. Assim elas saberão como se direcionar para se curar", ele disse, exibindo um sorriso bem-humorado.

Quando ouvi essa última observação, fiquei sem jeito. Ele fez aquilo parecer como se fosse possível ir diante do público e dizer: "Façam A, então B, depois C, e estarão 'curados'." Com calma, bem devagar, não querendo esfriar o entusiasmo dele, mas ainda assim querendo mostrar firmeza, eu lhe disse: "Sabe, Tony, eu

62   A Jornada

realmente não estou querendo fazer isso. Eu prestaria um desserviço às pessoas. Não dá para dizer: 'Faça A, B e C e você estará curado'. As coisas não são assim. De fato, *eu* nem mesmo me curei — a inteligência infinita que existe interiormente fez toda a cura. Eu só fui incrivelmente abençoada por poder *participar* da experiência. Não seria certo subir ao palco e falar sobre isso."

Assim que acabei a frase, alguns outros Treinadores Mestres se juntaram a nós e começaram a gracejar alegremente sobre o orador anterior. Usei isso como uma desculpa para escapar dali antes que Tony tivesse oportunidade de continuar o assunto. Mais de uma vez eu tinha sido convencida pelo seu entusiasmo contagiante a "ir além" — a fazer alguma coisa que eu realmente não estava a fim de fazer — e esse era um assunto que de alguma forma parecia sagrado para mim. Eu me sentia muito humilde e privilegiada pela espantosa jornada de cura pela qual passara, profundamente grata por ter sido tão bem guiada, e certamente não queria começar a fazer de conta que de repente eu tinha me tornado uma especialista e tinha todas as respostas. Além disso, eu não queria que as pessoas saíssem dali pensando que era uma coisa da "mente sobre o corpo" — porque definitivamente não era. Era uma jornada de descoberta — entrega, libertação e cura. E a minha mente não tinha quase nada a ver com isso!

Verdadeiramente — se fosse para a minha mente ter calculado isso, já teria agido assim *há muito tempo*. Mas não o fez, e no meu processo eu descobri que precisava enxergar um lugar muito mais profundo do que a mente para aprender a lição.

Como você explica isso para um grupo de 1.200 estudantes entusiasmados? Como você conta às pessoas que há uma energia dentro de todos nós — uma sabedoria interior responsável por fazer nossos corações baterem e as células se reproduzirem, por continuarmos a inspirar e expirar mesmo quando estamos dormindo — e então sugerir que é possível entrar em contato com

A Jornada 63

isso e confiar que pode nos guiar na descoberta de lembranças emocionais armazenadas em nossas células?

Então, como explicar o que *fazer* quando descobrimos as lembranças? Como processar completamente o que não foi resolvido e finalmente livrar-se disso? Como eu poderia explicar que fui espontaneamente orientada para seguir esse processo e que, finalmente, ao liberar a história emocional e ao perdoar completamente todas as pessoas envolvidas, alguma coisa inexplicável começou a acontecer dentro de mim? Que o meu corpo começou a regenerar espontânea e automaticamente as células, sem que *eu* precisasse fazer qualquer coisa?

Como eu poderia explicar que um tumor do tamanho de uma bola de basquete pode desaparecer pura e simplesmente em apenas seis semanas, assim que o padrão emocional guardado nas células finalmente tiver sido resolvido?

Fui embora, pensando que aquele era um projeto impossível, e tratei de me colocar totalmente fora do campo de visão, a fim de que Tony acidentalmente não me encontrasse justo no momento em que Chopra fosse subir no palco. Mas ele definitivamente tinha me levado a pensar no assunto. Uma parte de mim dizia: "Brandon, este tumor foi um presente — não apenas para você, mas para os outros que poderiam se beneficiar daquilo que você descobriu." Um outra parte de mim dizia: "Sim, mas cada pessoa precisa seguir por *si mesma* a sua jornada de cura. Ninguém mais pode fazer isso por ela — precisa ser uma *jornada* pessoal de *descobrimento*, única para cada um de nós. Quem sou eu para subir no palco e dizer às pessoas o que fazer? É pura arrogância."

E assim a minha mente me empurrava e me puxava, enquanto eu me escondia no saguão, esperando que Chopra ocupasse o palco. Assim que me certifiquei de que ele seguramente estava no palco, eu me esgueirei até o salão do seminário e fiquei no fundo para ouvir sua palestra sobre cura celular.

64 A Jornada

Eu já ouvira essa palestra muitas vezes e sempre a achei inspiradora, mas dessa vez eu a ouvi com novos ouvidos — não como uma teoria maravilhosa, ou um modelo de possibilidade, mas como um relato de fato, um relato da minha própria experiência. Ele estava ali no palco confirmando, de uma perspectiva científica, exatamente o modo como o meu tumor tinha desaparecido — dizendo que era possível interromper as lembranças armazenadas em células degenerativas e, assim que o padrão fosse interrompido, células novas e saudáveis poderiam substituí-las.

Tendo feito um estudo da vida dos "sobreviventes" bem-sucedidos, ele disse que descobrira que eles tinham duas coisas em comum. Primeiro — eles eram capazes de chegar no "Vão", entrar em contato com o silêncio do ser, da infinita inteligência, a sabedoria além da mente. Segundo — eles eram capazes de liberar as lembranças retidas nas células.

Ele contou a história de uma mulher que tinha sofrido um transplante de coração e pulmão e de como ela realmente tinha herdado as lembranças celulares do homem de quem tinha recebido os órgãos. Depois de acordar da operação de transplante, ela descobriu que estava com muita vontade de comer "Chicken McNuggets" e batatinha frita, embora não gostasse disso! Mais tarde, investigando, descobriu-se que o doador estava indo ao McDonald's para comer "Chicken McNuggets" e batatinhas e morrera de repente, num acidente de trânsito.

Mais tarde, ela descobriu muitas outras lembranças "voltando" — lembranças da família desse homem e de antigas namoradas, lembranças que tinham ficado guardadas nas células do coração e do pulmão. Quando se encontrou com a família dele e contou as lembranças que estavam surgindo para ela, eles confirmaram que todos os detalhes batiam — ela estava literalmente experimentando as antigas lembranças *dele* como se estivessem saindo das células do novo coração *dela*.

A Jornada 65

Chopra explicava isso muito elegantemente — que essas "lembranças-fantasma" tinham passado de uma geração de células para a próxima, que as células nos vários órgãos do corpo se regeneram em velocidades diferentes. As células do fígado levam seis semanas para se regenerar, enquanto as células da pele levam apenas de três a quatro semanas. Quando ele disse que você tem uma pele nova a cada três ou quatro semanas, eu me lembrei da minha última viagem ao Havaí e de como, em apenas três semanas, o meu bronzeado tinha desaparecido quase completamente. Ele tinha razão — uma pele inteiramente nova!

Ele continuou dizendo que você tem um novo revestimento estomacal em apenas *quatro* dias e, ainda mais surpreendente que isso, todas as células do olho se reproduzem a cada *dois* dias. Essa estatística científica sempre me pareceu quase incompreensível. Se você for como eu, deve estar se perguntando como é possível que possamos ter novos globos oculares num período de apenas dois dias?

Então me lembrei da operação de olho a que minha mãe se submetera recentemente. Numa segunda-feira ela fora ao hospital e, anestesiada, abriram a parte da frente do olho dela, puxaram para trás e inseriram uma lente para substituir o cristalino. Assim que a lente foi colocada, eles puseram de volta a "aba" da frente. Então, na quarta-feira, ela voltou ao médico e tirou o tampão do olho. O olho dela estava perfeito e ela conseguia ver — apenas dois dias depois. Olhos inteiramente novos em apenas dois dias.

Assim, eu sabia que o que Chopra estava dizendo não era apenas uma teoria científica — era um fato comprovado. Mas eu nunca paro de me maravilhar em como a infinita inteligência que vive dentro de nós é surpreendente e com que rapidez o corpo consegue regenerar as suas células.

Ele então foi adiante para perguntar: "Se você tem um novo fígado a cada seis semanas, por que, se você tiver um câncer de

66 A Jornada

fígado em janeiro, ele ainda vai estar lá em junho? À essa altura, o seu fígado teria se regenerado muitas vezes. Todas as células poderiam ser inteiramente novas." O público ficou aturdido com a pergunta.

Chopra, então, continuou a explicar que nossas lembranças antigas ficam guardadas em nossas células — ele as chama de "lembranças-fantasma". Essas lembranças antigas podem eventualmente causar padrões de doença degenerativa dentro das células. E antes que uma célula doente morra, ela passa suas lembranças para a próxima célula que está nascendo. Assim, o padrão da doença tem continuidade.

Ele comparou o corpo humano a um computador, dizendo que era possível interromper a "programação" e, assim que a programação fosse interrompida, existiria a possibilidade de cura. Ele insinuou que para interromper a programação, revelar as lembranças celulares e liberá-las, seria preciso que a pessoa entrasse em contato com a mesma parte de si mesma que tinha dado origem à programação — a inteligência infinita, a sabedoria do corpo. E declarou que aquelas pessoas que sabem como entrar em contato com essa sabedoria do corpo — chegar no "Vão", na "sopa quântica", etc. — esses eram os sobreviventes de doenças bem-sucedidos.

Ele disse que tinha observado que todo mundo chega lá à sua maneira — alguns espontaneamente, outros por escolha — e declarou que a possibilidade existia para todos, que fazia parte da mecânica quântica do modo como o corpo se curava. Ele confirmou em teoria o que eu não só tinha sentido por experiência própria, mas também testemunhado no meu trabalho com as pessoas ao longo dos anos.

Quando a palestra acabou, pensei em ir até ele e dizer: "Quero dizer que o meu caso é exatamente igual ao de centenas de estudos de caso que você documentou; eu passei por um processo semelhante." Mas fiquei envergonhada. Pensei: "Ele já ouviu tudo isso, seria mais uma repetição do que ele já sabe."

Mas eu realmente queria saber por que ele não tinha chegado a um processo passo a passo para poder transmiti-lo às pessoas. Ele é um médico e penso que seu trabalho naquela ocasião era observar, fazer as correlações e registrá-las; apresentando-nos a evidência indiscutível de que a cura em nível celular não é apenas uma teoria — está provada e documentada. E o benefício que ele estava proporcionando para a humanidade, por meio de sua enorme pesquisa e atenção, era imensurável.

Quando voltei do Mastery, eu me senti perseguida pelo desafio lançado por Tony. Alguma coisa relacionada a isso não me deixava em paz. Estava me sentindo tão egoísta — por que eu não estava querendo entrar em contato com as pessoas e dividir minha experiência com elas? Percebi que muitas pessoas poderiam ao menos beneficiar-se com a "indicação" sobre o caminho que possivelmente poderia funcionar para elas.

Não apenas isso, mas além de ter sido uma Treinadora Mestre e líder de seminário, eu tinha dado sessões individuais por mais de dez anos, ajudando as pessoas a se liberarem de todos os tipos de problemas emocionais.

Eu tinha formação em Programação Neurolingüística, Condicionamento Neuroassociativo, nutrição, kineosologia, iridologia, hipnose médica e tantas outras formas de terapia alternativa — e graças aos muitos anos de cuidado e trabalho próximos às pessoas eu tinha uma sabedoria intuitiva que me servia para ajudá-las a se libertarem. Então o que me segurava? Por que, já que servir era a minha vida, eu estava guardando aquilo só para mim?

Quando fui investigar dentro de mim o que *realmente* estava me incomodando, pensei: "Como é que eu posso ensinar a alguém a entrar em contato com aquilo que Chopra chama o 'Vão' ou a 'sopa quântica'? Não é suficiente *falar* sobre a inteligência infinita, você precisa experimentá-la em primeira mão."

Para mim tinha sido uma experiência *direta*. Sentia que não era alguma coisa que se pudesse ensinar para alguém — *é alguma coisa que a sua alma ensina para você*! Como eu poderia explicar esse mistério para outras pessoas e, ainda mais importante, como eu poderia ajudar os outros a entrar em contato com a parte mais profunda de si mesmos e experimentar isso *diretamente*? Comecei a pensar quando eu experimentara pela primeira vez essa percepção infinita e se *todos* poderiam ao menos vislumbrá-la uma vez ou outra.

Imediatamente, surgiu em minha memória uma lembrança de mim quando muito nova. Eu deveria ter uns seis ou sete anos e estava deitada na grama em frente de casa. A minha mente estava completamente mergulhada no meu mundo particular feito de grama, solo e insetos. Eu examinava cada lâmina de grama, observando os segmentos delicadamente estriados, e conseguia ver até as diversas células em cada lâmina. Do solo se desprendia um cheiro de terra cálido e úmido. A grama era perfumada e eu me senti "pregada" ao meu pequeno reino. A minha mente, excessivamente concentrada, passou à imobilidade, e naquele momento de absoluta inércia pareceu que o próprio tempo tinha parado. E eu me encontrei mergulhada num banho de paz.

A grama parecia brilhar com uma beleza intensa. Tudo cintilava e explodia de vida. Parecia que apenas um instante tinha se passado quando ouvi minha mãe me chamando para jantar. Quando me levantei percebi que fazia pelo menos uma hora desde o momento em que eu, de algum modo, tinha caído no vão. Minha alma tinha se revelado silenciosamente a mim, uma criança inocente.

Então minha mente vagou pelas várias outras ocasiões em que esse vasto silêncio do ser tinha se revelado para mim. Percebi que muitas vezes a alma revive de repente os momentos mais inesperados. Estranhamente, eu me lembrei de uma ocasião em que eu tinha ido assistir a um jogo de beisebol. Foi em Nova York, no Estádio do Yankee. A fila de carros para entrar se estendia por quilômetros, e a fumaça dos escapamentos era intoxicante. Era um dia quente de verão no Bronx e os ânimos estavam inflamados. Eu pensei: "Por que eu estou fazendo isso? É uma loucura. Tudo isso para ver um homem bater numa bola com um bastão. Não", eu pensei, "não é por isso que eu vou a um estádio. Há alguma coisa *especial* que acontece num jogo de beisebol... alguma coisa que eu não consigo explicar."

Eu me lembro da chegada nos estandes, as crianças correndo em volta, pipoca doce espalhada por todos os assentos, borrifos pegajosos de Coca-Cola e cerveja velha pelo chão, chicletes grudados na parte de trás das cadeiras. Alguma criança de cima das arquibancadas despejou uma cerveja por cima do parapeito sobre um sujeito que estava perto de mim — o menino achou aquilo engraçadíssimo, e o homem ficou enfurecido.

Então o jogo começou e o silêncio tomou conta da multidão e todos se levantaram para cantar o Hino Nacional. Um sujeito no fim da nossa fileira rapidamente quebrou o clima. Ele estava bêbado e começou a gritar palavrões dirigidos ao time adversário, cuspindo grãos de pipoca. Duas cadeiras abaixo um outro homem ficou bravo e começou a berrar com ele para que o sujeito se calasse. E assim a briga começou... Tudo isso, e o jogo ainda nem começara!

Mais uma vez, fiquei pensando em o que é que eu estava fazendo ali, aturando tudo aquilo numa noite abafada de verão, e novamente algum conhecimento interior me lembrou de que alguma coisa especial acontece num estádio — alguma coisa mágica aconteceria — eu precisava agüentar.

E o momento chegou. O arremessador girou o braço e atirou a bola; o movimento parecia estar em câmera lenta. A multidão ficou em silêncio enquanto a bola se aproximava do batedor — a postos, totalmente alerta, pronto para bater a bola. Então foi como se o estádio todo prendesse a respiração — a respiração presa ... a mais absoluta imobilidade ... todos os corações e mentes *concentrados* na bola ... o tempo parou.

Então — UM GOLPE SONORO! O bastão mandou a bola voando alto para a área fora do quadrado... foi de arrepiar os cabelos, ondas de êxtase e alegria percorrendo o estádio, gargalhadas, animação ... *Mágica!*

Um momento simples, mas comum, em um jogo normal. Mas o que o tornou tão mágico — uma bola se chocando com um bastão? Acho que não. O que aconteceu naquele momento que o tornou tão especial?

Eu passei mais uma vez a cena inteira na minha cabeça, só que dessa vez mais devagar. A bola segue ... tudo e todos param ... a mente fica totalmente imóvel, e nessa lacuna de silêncio absoluto a alma relampeja à frente — uma imensidão se revela ... a presença da vastidão ... uma grandeza que não pode ser explicada ... e então *o golpe sonoro!* — a bola bate, o cabelo fica em pé. Alguma coisa grandiosa revelara-se naquela fração de tempo. Um só coração, a respiração presa, o cabelo em pé. Tínhamos caído no "Vão" por um instante e essa imensa verdade tinha, num relance, se revelado.

Não importa se gostamos ou não de eventos esportivos. Muitos provavelmente já assistiram a uma disputa travada em um estádio e passaram pela experiência de, em um determinado momento, tudo cair na imobilidade enquanto a multidão fica presa ao suspense e, por um instante, brota de dentro uma energia inexplicável, deixando todos arrepiados. Não é verdade que esperamos secretamente por esse "momento mágico"? Sabemos que

A Jornada 71

pode acontecer apenas por um espaço mínimo de tempo, mas terá valido a pena suportar todo o resto do evento.

Então apareceu em minha memória mais um flagrante de outra experiência de Fonte, a primeira noite da minha lua-de-mel com Don. Tínhamos comprado ingressos para assistir Rudolf Nureyev no balé *Romeu e Julieta* no Metropolitan Opera House. Naquela ocasião Nureyev já era uma lenda e estava no auge.

Aconteceu, mais uma vez, um momento em que o tempo pareceu parar. Era como se Nureyev atingisse o fundo de sua alma — sua própria genialidade. Ele saltou no ar, e suas pernas se separaram em sua abertura total, então, por um instante, foi como se ele tivesse subido ainda mais alto — como se estivesse praticamente flutuando no ar. Mais uma vez o público prendeu a respiração, fez-se um só coração, um arrepio percorreu a todos.

Uma onda de alegria sem motivo aparente se espalhou pelo teatro. Foi como se naquele momento Nureyev, atingindo sua genialidade interior, a mesma coisa que todos nós imediatamente reconhecemos. Nossa própria gratidão se manifestou. Tínhamos visto a Nós Mesmos no espelho. Não há como explicar isso, mas fora inegável, palpável. Todos sentiram a mesma coisa ao mesmo tempo. "Auto"-reconhecimento.

Quando Nureyev apareceu para os agradecimentos, todos se puseram em pé imediatamente, lágrimas escorrendo pelos rostos, as mãos aplaudindo, aplaudindo, sem parar. Não conseguíamos agradecer o bastante àquele homem por aquilo que nos tinha proporcionado. Nós o mantivemos indo e voltando ao palco durante 43 minutos de ovação contínua. Eu sei disso porque perdemos a nossa reserva no restaurante! Minhas mãos estavam roxas e ainda assim eu não conseguia parar de aplaudir. Eu estava tão grata àquele homem por ele ter deixado fluir a sua alma e agradecida principalmente pelo fato de a genialidade dentro de *mim* ter-se lembrado de si mesma.

Você alguma vez já passou pela experiência de, ao final de uma peça excepcional ou de um concerto em que se sentiu arrebatado para longe pela beleza da música, sentir que a sensação de ser um ente isolado desaparece? Ou talvez você tenha tido essa experiência ligada à natureza? Já ficou no alto de uma montanha, tomado pelo mais profundo respeito diante da vastidão aos seus pés? Ou se descobriu emudecido pela beleza de um pôr-do-sol no mar? Ou talvez tenha tido a experiência de deslizar para "fora de sua mente", sentindo-se como um rio correndo pelas pedras — completamente uno com a montanha e perdido em uma corrente que essencialmente "sabe" como e quando virar.

Todos nós *devemos* ter tido esse tipo de experiência em algum momento de nossas vidas. Talvez você tenha tido a experiência de ser arrebatado pelo ritmo da música quando estava dançando e descobrir que sua mente não estava mais dirigindo seus pés — que eles davam a impressão de ter vida própria.

Percebi que em muitas ocasiões eu caí na "Fonte" espontaneamente. E, ainda assim, o desafio ainda estava posto para mim: como ajudar os outros a ter uma experiência desse tipo direta mas *apoiada*?

A alma escolhera esses momentos para revelar sua ilimitada expansão, mas como chegar a isso por escolha e, em seguida, como ajudar alguém a permanecer numa experiência *apoiada* durante o tempo suficiente para ser capaz de prosseguir num processo de cura? Como ajudar alguém a experimentar diretamente essa ausência de limites, essa paz, esse amor eterno? Como ajudar alguém a descobrir por si mesmo que isso tem sido sempre e sempre será *quem ele realmente é*? Que isso é o que ele é em essência, no âmago do seu ser? E que assim que a mente sair do seu caminho o Eu "real" será revelado.

Como ajudar alguém a perceber que não há necessidade de voltar-se para ninguém ou para nada do *lado de fora*? Que essa energia, essa percepção, essa presença de amor, essa unidade que é toda, silenciosa e profundamente consciente, chame-a você do nome que quiser — *é a sua própria e real natureza*! Como eu poderia ajudar alguém a descobrir alguma coisa que somente *ele* pode descobrir e experimentar *pessoalmente*?

Eu sabia que nenhum volume de palavras jamais poderia capturar o sentido disso; que o máximo que as palavras poderiam fazer era *indicar* o caminho, mas a experiência disso só podia vir da própria *experiência*, da grandeza sem limites revelando a si mesma.

Pensei: "Todo mundo *deve* ter tido um relance dessa verdade em um ou outro momento da vida... certamente!" Suas mentes *necessariamente* foram arrebatadas em alguma ocasião. Como pode alguém ter visto Torvill e Dean patinando ao som do *Bolero* em direção ao ouro olímpico e não ter tido um instante de quietude, absoluta reverência, quando a genialidade interior se revelou?

Talvez *você* possa ter ouvido Winston Churchill afirmar apaixonadamente: "Nós os combateremos nas praias...", ou John F. Kennedy proclamar: "Não pergunte o que o seu país pode fazer por você, pergunte o que você pode fazer pelo seu país...", ou Martin Luther King exclamar: "Eu tenho um sonho...", ou Neil Armstrong irradiar da Lua: "Este pode ser um pequeno passo para um homem, mas é um grande salto para a humanidade." Momentos em que a verdade fala por si mesma e então a verdade dentro de você se reconhece.

Muitas vezes quando alguém esbarra em sua genialidade interior, na verdade, alguma coisa dentro de nós se agita — ficamos

74 A Jornada

arrepiados e um "sim" interior é sentido. A verdade reconhecendo a si mesma. Mas como conseguir que a verdade reconheça a si mesma por *escolha*?

Assim parei de trabalhar com minhas sessões de terapia por algum tempo. Até que eu encontrasse um modo de dar a alguém uma experiência apoiada em sua *própria verdade*, eu sentia que não estaria servindo às pessoas em suas necessidades mais profundas. Sabia que somente quando os problemas emocionais são tratados em seu plano *mais profundo* — da alma, da própria consciência — é que você atinge realmente o *âmago* do problema. Só então é que a verdadeira liberdade, tanto emocional como física, ocorre. Só então começa a "verdadeira" cura.

A minha foi uma jornada espiritual — a de liberar para alcançar a liberdade. O *resultado* foi a cura em nível físico, celular. A prova foi irrefutável, embora não fosse possível testar ou tocar, ou até mesmo explicar o poder e o mistério inexplicáveis da alma.

Assim continuei a fazer minhas preces — eu queria ser guiada para descobrir um jeito de ajudar os outros a experimentarem isso por si mesmos. Eu queria lhes dar assistência para a cura em *todos* os planos — não apenas no físico, mas também no emocional e espiritual.

Como eu não tinha as respostas, pensei que o melhor seria continuar a minha própria jornada espiritual e deixar em compasso de espera a minha busca para ajudar outras pessoas a alcançarem uma experiência sustentada de Fonte. Resolvi confiar em que se fosse para eu ajudar outras pessoas, de algum modo o caminho me seria mostrado.

Alguns meses depois, quando eu menos esperava, a resposta foi profundamente revelada. Recebi uma experiência direta de Fonte tão intensa que a percepção total disso não me abandonou mais. *Desde então a Fonte tem estado presente como a corrente subjacente da minha vida.*

12

Eu estava freqüentando o curso de uma mestra espiritual quando, em uma sessão de perguntas e respostas, um dos alunos perguntou: "O que devo fazer se uma emoção intensa tomar conta de mim — como encontrar a paz nesse estado de espírito?"

Ela respondeu: "Apenas *não se mexa*. Entregue-se por completo a essa emoção. Dê-lhe boas-vindas. Se uma emoção negativa surgir, não fuja dela; não corra para a geladeira em busca de comida para compensá-la; não ligue a televisão para distrair-se e não pensar nela; não chame os amigos para desfazer a energia que ela carrega fazendo fofocas. Somente pare e *sinta*-a. Fique *presente* para ela. Você vai descobrir que se não tentar se distrair ou empurrá-la para longe, ou, ainda pior, despejá-la sobre outra pessoa; se *ficar parado*, se estiver realmente *presente* no que estiver sentindo — na verdadeira essência do sentimento — você achará a paz. Assim, quando sentir uma emoção muito forte, deixe-a sossegada — NÃO SE MEXA. *Dê-lhe as boas-vindas.*"

Pensei: "Que pensamento radical." Nos movimentos de auto-ajuda tudo gira em torno de mudarmos nossos pensamentos, de

76 A Jornada

torná-los mais positivos. Ou, se não mudarmos nossos pensamentos, então mudemos nossa fisiologia — faça qualquer coisa para *evitar* a dor. Mesmo os médicos prescrevem remédios para amortecer a intensidade emocional. "Aja como se" — faça tudo o que puder para ter certeza de que *não* vai se permitir *sentir verdadeiramente* o que está vindo à tona. E ela estava dizendo alguma coisa totalmente diferente: "Não se mexa. Fique aí." Que conceito absolutamente novo!

Alguma coisa em mim se agitou. Eu disse a mim mesma: "E se ela estiver certa? E se, em vez de refrear minhas emoções, eu simplesmente recebê-las e me deixar *senti-las completamente*? Será que eu posso encontrar essa paz à qual ela está se referindo bem no fundo desse sentimento?"

Assim eu decidi fazer uma experiência. O que eu tinha a perder? Esse sempre tinha sido o meu modo de agir: eu nunca aceitei uma coisa nominalmente — precisei sempre *experimentar* antes aquilo sobre o que a pessoa estava falando para, só depois, assimilá-lo.

Eu sabia que tinha um problema emocional que já vinha de longa data e que eu precisava examinar e resolver. Eu me sentia levada por uma necessidade de ajudar e servir aos outros — mesmo à custa da minha saúde. Eu simplesmente não sabia dizer "não". Assim, achei que essa seria a oportunidade perfeita para investigar o que ela queria dizer com aquelas palavras.

Don ia ficar fora cinco dias dando seminários, por que não usar esse período para testar realmente a teoria dela? Assim, antes de Don viajar, eu o informei de que ia fazer uma experiência. Aproveitaria os cinco dias para ficar em silêncio e, em vez de usar todas as técnicas antigas, eu ia fazer o que a mestra espiritual tinha sugerido: ir direto ao âmago do sentimento e descobrir o que estava em seu *cerne*.

A Jornada 77

Expliquei a ele que ela havia apresentado a idéia de que não se deve contornar a emoção tentando esgotá-la ao falar compulsivamente sobre ela com outras pessoas, ou indo ao cinema para fugir dela, ou comendo excessivamente, ou assistindo à TV para evitá-la — que apenas se deve *senti*-la verdadeiramente. Assim, eu não sabia o que iria acontecer, mas eu realmente me sentia levada a fazer uma tentativa.

Pedi-lhe que não me telefonasse já que eu não queria usar isso como desculpa para me distrair. Eu realmente queria estar inteira na experiência. Já havíamos participado de diversos retiros espirituais, assim isso não era novidade para ele, que estava feliz por poder me apoiar.

Quando estava saindo, Don me disse: "Vou sentir a sua falta — eu realmente amo seus telefonemas noturnos. Vou sentir falta da nossa conversa. Você sabe, Brandon, eu sempre digo para os meus alunos nos seminários: 'Eu saio para um fim de semana e nunca sei para quem eu vou voltar!' Você realmente está crescendo cada vez mais."

Respondi, brincando: "Ninguém jamais poderá dizer que sofre de tédio ou de monotonia por aqui."

"Não... de jeito nenhum!"

Ele me desejou boa sorte, e eu pude sentir que internamente ele admirava a minha perseverança. Quando ele estava na porta, eu o beijei, e de algum modo aquele momento não se pareceu com a nossa despedida usual, leve e romântica. Era mais como um adeus triste, talvez por muito tempo — como se ele estivesse partindo para uma longa viagem por mar e eu tivesse sido deixada em uma ilha, isolada, impossibilitada de alcançá-lo.

"Que absurdo", eu disse para mim mesma, tentando afastar essa sensação. Enquanto eu fechava a porta, comecei a sentir uma sensação de enjôo surgindo na boca do meu estômago, como se alguma coisa *grande* estivesse prestes a acontecer. Senti um arrepio percorrendo o meu corpo e uma forte sensação de que um pressentimento tomara conta de mim.

Mais uma vez tentei afastar aquilo enquanto corria até a varanda para acenar em despedida como costumava fazer. Quando o carro partiu, eu voltei com passos largos para a sala de visitas, intimamente me repreendendo: "Isto é ridículo... ele vai viajar durante apenas cinco dias... trate de se recompor."

Mentalmente, eu me reergui e fui quase marchando para a cozinha a fim de fazer uma saladinha para o meu almoço. Enquanto eu a preparava, percebi que uma parte de mim estava tentando me manter ocupada, para me distrair da sensação crescente de um pressentimento. Enquanto eu cortava a salada e picava os legumes, pude sentir um medo sutil mas muito presente se movimentando furtivamente na retaguarda. A salada me pareceu especialmente insatisfatória e me sentei, acabando por comer sentindo-me inquieta e perturbada.

Durante o almoço, achei que provavelmente eu deveria me preparar para a "grande experiência", tratando de deixar a casa limpa, a roupa lavada e as contas pagas e resolvidas. Uma parte de mim sabia que isso era uma manobra de fuga, para esticar o tempo antes de ser obrigada a encarar meu problema emocional, e outra parte de mim sentiu que provavelmente era uma boa idéia "limpar a área" para que nada me distraísse durante a experiência.

Eu me ocupei pondo tudo em ordem, fazendo alguns telefonemas de última hora para avisar à minha filha e aos amigos que eu ia tirar uma folga e, então, para finalizar, mudei o recado da secretária eletrônica: "Oi, você ligou para Don e Brandon. Don ficará fora da cidade por cinco dias e eu estarei fazendo um retiro silencioso, por isso não poderemos responder ao seu telefonema até segunda-feira. Entraremos em contato com você a partir dessa data. Por favor, deixe sua mensagem após o sinal."

Aquilo me pareceu tão radical — como se eu tivesse cortado todos os meus canais de comunicação com o mundo. Ia abaixar o volume da secretária eletrônica mas alguma coisa me interrompeu. Eu pensei: "Mesmo que eu não queira falar com as pessoas que me telefonarem, ao menos eu posso ouvir as suas vozes."

Diante desse último pensamento, eu ri interiormente por estar montando um cenário de uma forma tão dramática. Lembreime de como me sentira bem quando tinha ficado um tempo em silêncio e tentei me convencer que dessa vez não seria diferente. Mas o meu corpo não estava acreditando em minhas palavras. Era como se a minha mente estivesse tentando me manter ocupada e eu simplesmente não quisesse aceitá-la.

Sem mais nenhuma tarefa para me distrair, fiquei muito mais consciente da sensação doentia de medo que estava crescendo dentro de mim. Desci rapidamente as escadas para a sala de visitas e resolvi que tinha chegado a hora: eu finalmente iria enfrentar cara a cara o meu problema emocional. Sentei em nossa cadeira grande, macia, cor de pêssego e pensei: "E agora?"

Sentada lá, eu me tornei consciente de que alguma coisa dentro de mim parecia ter me *levado* a ficar à disposição de alguma pessoa ou de todos que aparecessem em minha vida. Eu ajudava quem quer que fosse a qualquer hora do dia ou da noite, com tal intensidade, que muitas vezes eu tinha ignorado totalmente minhas próprias necessidades e definitivamente tinha "me esgotado" mais de uma vez, trabalhando noite e dia durante semanas.

Era quando estava me dedicando aos outros e os ajudando de algum modo que eu me sentia melhor. Nos seminários com Tony muitas vezes eu reservava poucas horas para dormir e ainda podia render em cima disso — sentindo que realmente estava dando tudo de mim. Mas eu também podia perceber que tinha passado muito além do apoio saudável e entusiástico para uma necessi-

80   A Jornada

dade doentia de estar a serviço dos outros. Era como se toda a minha identidade tivesse ficado atada ao serviço desinteressado.

Lembrei-me de um incidente que realmente me mostrou em que extensão isso estava dirigindo a minha vida. Dois anos antes, depois de gozar 12 anos da mais perfeita saúde, meu corpo me dera um aviso de "trate de acordar, senão...!" Aconteceu exatamente depois de uma programação de 14 dias com Tony em que eu assumira tantos encargos que acabara dormindo apenas duas a três horas por dia. Em algumas noites, eu apenas tomara um banho, trocara de roupa e voltara ao trabalho.

Quando a programação acabou, eu me senti profundamente recompensada emocionalmente — sentindo que os meus esforços tinham feito muita diferença na vida de uma porção de gente. Mas meu corpo se sentia de outra forma. Ele disse: "Pare! Chega!", e eu acabei acamada com pneumonia aguda.

Todos os profissionais de saúde que procurei na ocasião disseram a mesma coisa: "Brandon, você calou fundo a exaustão em suas células. O que você precisa fazer agora é esperar isso sair, descansar e se recuperar. Como você pretende estar à disposição para ajudar os outros se você não está querendo cuidar de si mesma? Se você não der uma parada, o seu corpo vai obrigá-la a fazê-lo."

Eu escutei o que eles me disseram e decidi que não poderia deixar de levar em consideração as suas palavras. Assim, pouco a pouco, ao longo dos dois anos seguintes, comecei a aprender a prestar atenção a mim mesma e a equilibrar mais a minha vida. Entretanto, isso era difícil, porque toda vez que eu dedicava algum tempo para mim mesma, me sentia culpada e secretamente envergonhada — como se devesse estar em outro lugar ajudando e servindo aos outros.

O amor ao serviço sem dúvida tinha se transformado numa necessidade, num *vício*, numa *obsessão*. Minha identidade tinha

A Jornada 81

ficado atada à imagem nobre e altruísta que eu tinha de mim mesma. Assim, quando eu me sentei naquela cadeira cor de pêssego, eu sabia que não estava sentando lá para enfrentar e resolver apenas algum problema emocional antigo. Eu estava ali para resolver um dos maiores problemas da minha vida — examinar a minha identidade; descobrir o que é que estava me conduzindo, e mais do que isso, para descobrir o que estava no centro disso tudo.

Não parecia uma coisa pequena. Parecia enorme. E estando ali, sentada, inocente e receptiva, não sabia por onde começar. Eu me senti muito sozinha. Não tinha um mestre para me indicar o caminho e me ajudar. Meu marido não estava lá para segurar a minha mão. Eu dependia exclusivamente de mim mesma. Silenciosamente fiz um juramento solene de não me desviar do projeto — não daria telefonemas para entrar em contato com outras pessoas, nem receberia nenhum. Eu não iria me entregar a esse vício — não durante aqueles cinco dias. Eu faria apenas o que a professora dissera: "Diante da emoção, não se mexa, dê-lhe as boas-vindas."

Assim, eu me sentei na cadeira. Depois de uns cinco minutos comecei a suar. Meu coração começou a disparar diante do pensamento que eu não me permitiria levantar e atender o telefonema de alguém que precisasse da minha ajuda. A minha mente começou a percorrer a lista de todas as pessoas com quem eu "deveria" entrar em contato, e para acalmá-la, decidi começar a experiência fazendo meditação.

Mas mesmo isso estava difícil, pois ela trouxe o medo mais para dentro de mim. Surgiu a pergunta: "Se não estou servindo a ninguém e não há serviço para ser feito e ninguém servindo... então, quem sou eu?"

Havia uma luta interior, um medo esmagador de que se não houvesse serviço para ser feito e ninguém fazendo o serviço, então *não haveria ninguém lá*. Decidi encarar o meu medo de frente

— não fugir dele, mas apenas permitir a mim mesma senti-lo completamente, ser esmagada por ele se fosse necessário, mas persistir seguindo o conselho da professora: "Dê-lhe as boas-vindas e não se mexa."

Assim, fiquei sentada ali, agarrando-me à beirada da cadeira e deixando-me sentir toda a energia do medo. O meu corpo se sentia invadido por ele e as minhas mãos estavam suando. Quando eu dei as boas-vindas a esse medo, comecei a afundar interiormente. Afundei numa solidão, uma solidão tão profunda, que dava a impressão de que a sala inteira estivesse isolada. Sentia como se as cadeiras emanassem solidão e as paredes estivessem solitárias; uma solidão tão profunda, que todas as moléculas da sala vibravam com ela. Parecia que não havia um lugar em que a solidão não estivesse presente, e ainda assim mantive minha promessa. Não importava a emoção que surgisse, eu *não* me mexeria — estaria ali presente para ela, a fim de senti-la completamente e deixar-me levar até o seu âmago. Eu nunca tinha estado em contato com tamanha solidão e não sabia o quão dolorosa ela poderia ser, mas ainda assim eu não me mexi.

Depois de algum tempo, eu me senti afundar da solidão para uma outra "camada" de emoção. Eu estava mergulhada em um desespero tão profundo que nem imaginava que pudesse sentir aquele grau de desesperança. Era o sentimento: "Se não há serviço sendo prestado e ninguém para servir, então qual é o sentido de viver, por que me importar?"

Tinha vontade de desistir, fazer as minhas malas e ir embora — morrer. Eu nunca tinha experimentado uma dor tão esmagadora misturada com tão absoluta desesperança e desamparo. O desespero estava por todos os lados e não havia como evitá-lo.

Justamente quando parecia que o desespero iria me esmagar, eu senti que afundava em outra camada, só que dessa vez era como se eu estivesse na beira do que me parecia um abismo —

um buraco negro, o nada absoluto. O terror tomou conta de mim enquanto um suor louco e frio se espalhou por todo o meu corpo. Senti que poderia morrer se fosse até "lá".

Congelei. Fiquei absolutamente parada e resistindo. Se eu precisasse chegar na escuridão daquele aniquilamento, eu não queria continuar — não me importava o que a professora tinha dito. Assim, permaneci imóvel, no olho da minha mente, congelada à beira do que certamente iria se constituir na minha própria morte — ou pelo menos na morte da Brandon como ela se conhecia.

O medo era esmagador; as lágrimas brotaram em meus olhos e minhas mãos agarraram a cadeira. Eu simplesmente não conseguia enfrentar o que quer que estivesse naquele vazio negro do nada.

Depois de um algum tempo, o terror fez com que eu me sentisse exausta, mas ainda assim eu mantinha o meu compromisso. Eu não me mexeria. Eu estava paralisada, sentindo-me incapacitada e sem vontade de me render ao buraco negro, sem querer entretanto voltar atrás na minha promessa. Estava congelada de terror e não sabia o que fazer.

Continuei sem me mover. O tempo passou. Finalmente surgiu uma pergunta: "E se eu *nunca* saísse desse lugar e ficasse presa aqui para sempre?" Naquele momento, alguma coisa aconteceu. Foi como se finalmente a minha vontade se submetesse, e eu me entreguei. Senti como se estivesse em queda livre... em queda livre através do nada e me expandindo em uma paz indescritível.

A sala inteira se encheu de paz. Irradiava paz. Eu era a paz e também era todas as coisas na sala. A paz e um amor indescritível pareciam encher a sala. Eu era o amor que é a fonte de tudo. Eu era a dança das moléculas e todos os espaços entre elas.

Tudo na sala parecia cintilar com uma paz muito viva, e ao mesmo tempo eu tinha o profundo e inegável reconhecimento de que a paz não era um estado passageiro, nem era algo fora de mim. *Era* eu. Tinha caído na minha própria alma, e a minha alma era tudo. Eu me senti sem barreiras, ilimitada, eterna, infinita — senti como se tivesse chegado além dos limites do universo, com toda a vida acontecendo *em* mim.

Percebi que isso devia ser a "paz que transcende a compreensão" — a paz *além* do conhecimento, além da compreensão da mente. Eu me conheci como *pura consciência, absoluta liberdade* e *amor ilimitado.*

Eu me lembrei das palavras do grande poeta sufi, Kabir:

O caminho do amor não é
Um argumento sutil.
A porta ali é a devastação.
Os pássaros fazem grandes círculos no céu de sua liberdade.
Como eles aprendem isso?
Eles caem, e caindo,
Eles ganham asas.

Esse amor, essa liberdade, tem estado comigo, *como eu*, desde aquele momento. Eu o reconheço como quem eu sou. Não um estado passageiro, mas *quem eu sou no âmago de mim mesma*. Essa é a *única* verdade real. Isso é o "Lar". Aconteceu exatamente como a mestra espiritual tinha dito que aconteceria. Bem no fundo de *qualquer* sentimento está a paz. Paz com "P" maiúsculo. A Paz Definitiva.

Espontaneamente, eu caí, passando através das camadas emocionais limitadoras que pareciam me impedir de conhecer meu verdadeiro eu, a minha alma. Essas camadas tinham se transformado em véus que mantinham o meu verdadeiro eu escondido de mim. Tudo o que eu tinha feito era tirar um véu, uma camada de cada vez. Era como descascar uma cebola, somente que o que eu encontrara fora um diamante de pureza perfeita, de indescritível beleza. Eu tinha desenterrado uma pedra cujo brilho faiscante não pode ser descrito com palavras.

Lembrei-me da história do começo deste livro, só que dessa vez não era apenas uma bela metáfora, era a minha própria experiência. Eu tinha ouvido dizer que, quando nascemos, surgimos como um diamante puro e sem jaça e, ao longo da vida, acumulamos um monte de "lixo" emocional em cima dele e cobrimos o seu brilho e radiância naturais. Então, quando ficamos adultos, passamos verniz sobre ele, para lhe dar uma aparência brilhante e apresentável. Assim, tudo o que fazemos é pôr uma camada dura e polida sobre um monte de lixo, mas, quando o apresentamos ao mundo dizendo "Isso sou eu", nós nos perguntamos por que ninguém "compra isso".

Então, um dia, se tivermos muita sorte, por alguma graça especial, ou por meio de um seminário de transformação, um livro, uma crise, uma doença, ou algum outro presente da vida, podemos ter a grande fortuna de abrir caminho e arrebentar essa superfície quebradiça. Depois, durante algum tempo, pode parecer que tudo o que estamos fazendo é revolver a sujeira. Mas, finalmente, debaixo de tudo, desenterramos o diamante sem preço que sempre tinha estado ali — brilhante, intacto, puro e requintado.

Afinal percebemos que sempre fomos esse diamante sem jaça, mas tínhamos passado a vida toda pensando que éramos aquilo que o obscurecia. O que acontece com algumas pessoas é que, mesmo quando chegam a vislumbrar o seu brilho interior, não levam muito tempo para se esquecer dele, ou o ignoram e uma vez mais se identificam com suas superfícies polidas e artificiais.

Essa história tinha finalmente revelado o seu verdadeiro significado para mim. Eu tinha atravessado as camadas da minha sujeira e tinha espontaneamente descoberto o meu diamante sem jaça — uma coisa que *ninguém* poderia tirar de mim. Nenhuma emoção era capaz de afastá-lo de mim, nenhuma experiência de vida podia manchá-lo, nenhuma crítica podia danificá-lo, porque por sua própria natureza ele não tem manchas, é puro e permanece intocado pelo drama todo da vida. Ele é o que eu sou, o que você é e o que seremos sempre. Acabei por perceber que o mundo todo tinha se tornado vivo e tinha ficado tão cintilante e *faiscante quanto eu.*

Continuei em silêncio pelos cinco dias, mas já não sentia necessidade de telefonar para amigos e clientes para oferecer meus serviços. Nem me sentia levada a pegar o telefone diante do primeiro pedido por ajuda. Eu não precisava mais servir a fim de conseguir ser amada e valorizada. Por que eu deveria procurar pelo amor dos outros quando percebi que *eu sou o amor*?

Que ironia! Eu tinha passado a minha vida recebendo o amor, a aprovação e admiração das outras pessoas ao dar, servir, ajudar, tomar conta e me esforçar para fazer o melhor possível, mesmo quando isso significava sacrificar minhas próprias necessidades, desejos pessoais ou objetivos, *mesmo* que isso destruísse a minha saúde. E daí eu tinha descoberto que o amor e a valorização que eu procurara tinham estado ali o tempo todo! Não precisava fazer nada para alcançar isso — só *ser* e saber disso.

Assim, aquecendo-me no meu próprio amor, eu estava feliz para seguir fazendo tranqüilamente os meus afazeres domésticos. Não porque eles fossem me trazer alguma coisa ou provar que eu era uma boa pessoa, mas simplesmente porque eles eram as coisas que naturalmente deveriam ser feitas. Ser Sem Esforço.

Desde essa experiência, eu me acho descansando nesse estado de ser sem esforço. Não me sinto mais levada ou obrigada a fazer, fazer, fazer para ajudar todas as pessoas que conheço. A diferença é que não me sinto mais levada pela necessidade de ser amada, valorizada ou aprovada. É a expressão natural do amor que está sempre ali. Nasceu de uma fluência natural de amor e é como se a minha vida inteira estivesse acontecendo nesse "fluir constante".

O que mais me surpreendeu foi descobrir que *receber* amor é tão fácil quanto dá-lo. Essa era uma verdadeira revelação para mim. No passado eu sempre fora a que dispensara cuidados, a forte — eu criara uma identidade completa em torno de estar sempre presente para apoiar e servir. Eu teria me sentido envergonhada, um fracasso absoluto se precisasse pedir ajuda ou orientação ou se precisasse de apoio emocional. Até mesmo receber presentes das pessoas mais chegadas era difícil para mim. Eu me sentia muito mais à vontade no papel de quem serve.

Na presença do amor real não importa se eu estou dando ou recebendo — ele simplesmente parece fluir, e é lindo, não importa de onde ele venha. Mais precisamente, nem mesmo se parece com dar e receber — é apenas uma ação em curso na vastidão da presença do amor.

Agora finalmente eu quero admitir que preciso de ajuda, que não tenho todas as respostas. Estou finalmente querendo ser "verdadeira" com os meus entes queridos — não agindo com força, mas sendo forte o suficiente para perceber que não posso fazê-lo completamente sozinha — que eu preciso mesmo de ajuda e que me sinto tão humildemente grata pelo apoio e orientação das outras pessoas.

Surgiram muitas lições dessa experiência e as lições continuam acontecendo diariamente. Entretanto, a tarefa ainda permanece diante de mim. Agora que vivi a experiência pessoalmente, como traduzi-la para um plano prático, passo a passo, ou para um roteiro que os outros possam seguir em sua jornada pessoal de remoção das camadas até a descoberta de si mesmo? E então, quando tiverem descoberto o amor sem limites, o vasto silêncio da alma, como ajudá-los a descobrir as lembranças armazenadas nas células?

Então, ao revelar as lembranças das células, como ajudá-los a *resolver* e curar os velhos problemas não resolvidos? Como, então, dar-lhes assistência para *encerrar* suas velhas e dolorosas histórias? Finalmente, quando as tiverem concluído, como ensiná-los a acreditar que o corpo saberia curar-se natural, automática e espontaneamente, sem precisar fazer nada para isso?

Como ensinar as pessoas que isso é um processo de participação com a alma, e uma vez que os velhos padrões, problemas e lembranças estiverem curados, o corpo saberá como fazer o resto? Como ensinar as pessoas a CONFIAR e ajudá-las a passar da condição "daquele que faz" para a "daquele que é"?

Percebi que isso não era uma tarefa simples, embora soubesse que já recebera uma chave — uma chave para cair no "vão", para entrar em contato com a verdade. *Eu descobrira um meio de ter uma experiência direta e apoiada da inteligência infinita, da Fonte.* Agora restava apenas uma pergunta: só porque isso funcionara para mim significava que funcionaria necessariamente para os outros? Então, eu me decidi a descobrir a resposta.

13

Fiz uma prece para que as pessoas que se sentissem presas a um problema emocional desafiador fossem guiadas para vir trabalhar comigo. Eu especificamente expressei minha intenção de trabalhar com pessoas que sentissem que não tinham esperança — pessoas que tinham tentado tudo para se curar de um problema emocional; pessoas que como eu tinham feito todo tipo de seminário; pessoas que tinham passado por uma carga imensa de introspecção ou por anos de terapia; pessoas que, apesar de terem tentado inúmeras vezes, ainda se sentiam assombradas por antigas questões — como se estivessem funcionando no piloto automático.

Eu tinha ficado totalmente "presa" pela necessidade de servir aos outros, e isso tinha assumido o controle da minha vida. Ao me aprofundar, atravessando as camadas emocionais, eu me libertara. Por isso desejava atrair para mim aqueles que, como eu, queriam ficar livres e estavam desejando arregaçar as mangas e dispor-se a trabalhar.

Eu sabia que *todos* nós estamos presos a alguma coisa. Há tantas emoções negativas e nós as vemos surgir uma vez ou outra.

90 A Jornada

Pensei nas mais comuns: raiva, ira, frustração, ansiedade, perda, depressão, traição, sentimento de inferioridade ou de desvalorização, baixa auto-estima, ciúme, tristeza ou mágoa, sensibilidade à crítica, solidão, abandono, luto, desespero, medo de perder um ente querido, medo do fracasso ou de crítica, e assim por diante.

Eu sabia que esses eram os problemas emocionais nos quais nos enredamos e pensei que, se *todos* fôssemos capazes de atravessar nossas camadas emocionais, como eu tinha feito, e pudéssemos descobrir o nosso verdadeiro eu, além da dor — que dádiva maravilhosa não seria isso. E se pudéssemos arrancar todas as camadas emocionais que envolvem o problema como se descascássemos uma cebola até revelar o amor e a paz que existem no âmago do nosso ser?

Como nunca tinha feito o processo com ninguém, a não ser comigo mesma, eu queria começar trabalhando com meus amigos mais chegados e familiares. No dia seguinte, recebi um telefonema da minha amiga Nancy. Enquanto conversávamos ela sugeriu que poderia ser muito bom se déssemos seminários juntas. Eu tinha dito a ela que estava aberta a essa idéia, mas que não estava realmente interessada em lidar com qualquer material com que eu já tivesse trabalhado anteriormente. Eu queria fazer o trabalho que tinha nascido das minhas realizações e transformações atuais, mas ainda não estava muito evidente para mim o que eu teria para ensinar; estava claro apenas que eu tinha passado por uma poderosa jornada de cura que poderia beneficiar outras pessoas se lhes mostrasse o rumo de suas próprias jornadas.

Mais adiante na nossa conversa, ela mencionou alguns problemas emocionais que ela e seu marido, Ronald, estavam tendo. Por isso eu disse a Nancy: "Por que não tentamos um processo pelo qual passei recentemente e ver até onde ele nos leva? Diferentemente de mim, você vai ter alguém ao seu lado para observá-la enquanto estiver passando por ele, e eu poderei ajudá-la se

A Jornada   91

houver alguns momentos assustadores. Como eu passei por isso, aposto que serei capaz de ajudá-la para que o processo seja mais rápido. Fazer um trabalho ligado à alma é exatamente o que o meu coração está pedindo. Não posso garantir que vai funcionar, porque não o experimentei em ninguém mais, mas quero tentar se você quiser."

Nancy concordou e me disse que mal podia esperar para arregaçar as mangas e ir atrás do problema. Assim, marcamos um horário para a manhã seguinte. Depois de desligar, fiquei pensando que provavelmente eu precisaria invocar toda a minha perícia no campo de Programação Neurolingüística e confiei em que toda a sabedoria gerada por anos de trabalho transformacional seria de serventia para ela durante o processo. Embora o meu próprio processo desse a impressão de ter sido longo, doloroso e árduo, imaginei que, agora que eu tinha entendido o princípio de remoção das camadas, provavelmente existiriam ferramentas lingüísticas que eu poderia usar para ajudá-la a atravessar suas camadas emocionais mais rápida e facilmente do que eu havia feito.

No dia seguinte, nós nos encontramos na casa de Nancy. Quando nos sentamos no carpete macio do seu quarto, eu lhe perguntei se ela se importaria se fizéssemos uma prece pedindo por orientação, já que aquela era a primeira vez em que eu estaria experimentando o processo em outra pessoa. Ela respondeu que se sentia emocionada por eu me preocupar tanto em querer ajudá-la em primeiro lugar. Recentemente ela se sentira emocionalmente tolhida por um ciúme violento que crescia cada vez mais. Nada do que dissesse a si mesma adiantava para atenuar aquele sentimento, alguma parte dela se recusava e a raiva parecia surgir espontaneamente, vindo do nada. Ela sabia que o ciúme era irracional e que não havia nenhuma base para isso no comportamento do seu marido, mas ela não conseguia deixar de senti-lo. Ela se casara recentemente e tinha medo de perder o marido, caso não desse um basta a esse sentimento.

Ela me disse que a essa altura estava querendo tentar qualquer coisa. Gostaria apenas de saber por que isso estava acontecendo e ficar livre disso. Ela continuou insistindo que esse modo de ser não se parecia nada com o que ela sempre fora. Nunca experimentara um ciúme desse tipo no passado e não sabia de onde ele estava brotando naquele momento.

Ao mesmo tempo em que lhe assegurava que estava feliz por lhe dar assistência usando todos os meios que eu conhecia, senti também que precisava dizer-lhe que não poderia lhe dar nenhuma garantia. Eu tinha me libertado espontaneamente da minha necessidade de servir quando segui as palavras da minha mestra espiritual. Eu não sabia se ela seguiria o mesmo processo de remoção de camadas, nem se ela alcançaria o mesmo resultado, mas eu estava querendo tentar.

Ela conhecia minha extensa formação como terapeuta e como líder em seminários, então me disse: "Brandon, você já provocou um efeito tão profundo na vida de tantas pessoas, que eu estou realmente aberta para tentar qualquer coisa que sinta que possa ajudar. Vamos em frente." O entusiasmo e a receptividade dela eram comoventes e me deram um alento novo para me dedicar totalmente. Assim nos sentamos juntas e silenciosamente fizemos nossa prece. Fiz uma prece especial para que ela se libertasse verdadeiramente. Eu tinha conversado com o marido dela e ele me pedira para fazer o que pudesse para ajudá-la, já que ele não estava mais agüentando suas explosões irracionais. Ele passara a não responder e tinha medo de ter chegado ao limite — ele estava prestes a abandonar tudo.

Eu queria muito ajudar os dois, e assim começamos. Eu pedi a ela que apenas se sentasse, permanecesse presente e se deixasse *sentir* completamente o ciúme — para realmente deixá-lo aflorar.

Ela caçoou: "Quanto a isso, não se preocupe", à medida que a emoção se desencadeava e um tom rosa brilhante se espalhava pelo seu rosto. Perguntei-lhe em que lugar do corpo ela sentia o ciúme mais fortemente. Ela apontou para o peito. Eu podia ver que o sentimento estava demasiadamente intenso para ela, assim eu rapidamente lhe perguntei o que estava por trás ou debaixo dele.

De repente, ela espontaneamente passou para a camada emocional seguinte — a raiva. Mais uma vez eu lembrei a ela que deixasse o sentimento ser *totalmente* vivido, que permanecesse com ele. O rosto dela ficou vermelho e seu corpo começou a tremer. Ela disse: "Na verdade não é raiva, é ira."

"Que seja, então siga em frente e sinta *realmente* essa ira."

O corpo dela foi se tensionando à medida que ela deixava que tudo viesse à tona e fosse sentido em toda a sua intensidade.

"Agora fique imaginando o que está por trás dela, o que está debaixo dela? Apenas deixe-se cair." Eu podia vê-la mergulhando na emoção seguinte.

"Mágoa", ela respondeu, enquanto os olhos se enchiam de lágrimas.

"Em que lugar do seu corpo você sente essa mágoa?", eu perguntei.

"Aqui, no plexo solar."

Ela começou a chorar copiosamente, e quando percebi que ela já acolhera completamente o sentimento, delicadamente lhe perguntei mais uma vez: "O que está debaixo disso?"

Ela tornou a afundar passando para mais uma camada: "Abandono."

Antes que eu pudesse perguntar-lhe em que lugar do seu corpo ela o sentia, Nancy me disse: "Não há problema se eu falar?"

"Nenhum", respondi, sem saber se aquela seria uma forma de ela se desviar da emoção. Ela vinha vindo tão bem até aquele momento, permanecendo presente e sentindo completamente as emoções, e eu sabia que era essencial ficar só com a emoção pura e simples, não se desviando dela nem evitando-a. Eu já estava me preparando para me assegurar que ela voltaria aos trilhos, quando Nancy deixou escapar: "Vejo uma lembrança de quando eu tinha oito anos. Minha irmã, minha melhor amiga e eu estávamos brincando na praia. Minha irmã então fugiu para brincar com a minha melhor amiga e eu me senti totalmente abandonada, perdida, como se ela tivesse roubado todo o amor e a amizade da minha vida."

Eu estava ocupada escrevendo tudo o que ela dizia e pensei: "Trataremos disso mais tarde. Agora o que ela precisa é se manter 'tirando as cascas dessa cebola'." E disse a ela: "Obrigada. Escrevi tudo o que você falou e voltaremos a isso mais tarde. Vamos nos prender à pura emoção que você está sentindo — por isso sinta apenas o mais puro abandono... O que está debaixo dele?"

A postura dela mudou visivelmente, e ela disse: "Eu me sinto tão perdida, tão sozinha."

"Então sinta isso completamente. Não fuja desse sentimento", eu lhe disse.

Uma expressão desesperançada tomou conta do seu rosto dando-lhe uma aparência perdida e infantil. Então se fez uma longa pausa enquanto seu rosto empalidecia. Ela murmurou: "Que droga! Mergulhei em alguma coisa que nunca tinha visto antes. O que há aqui é um buraco negro; é como se só o vácuo existisse."

Pensei: "Conheço bem esse lugar — ela chegou lá! Espero que ela tenha coragem de mergulhar aí." Tinha sido uma parada e tanto para mim, e eu rezei para conseguir de algum modo tranqüilizá-la o suficiente para que ela conseguisse relaxar. Eu lhe disse delicadamente: "Agora simplesmente deixe-se levar."

Ela replicou que não estava conseguindo por estar muito assustada.

"Tudo bem que você esteja assustada, apenas deixe-se cair diretamente no nada." Ela começou a tremer e então parou de respirar por um instante. Intimamente senti uma pontada de pânico, e então vi um profundo relaxamento se espalhar pelo corpo dela e um ligeiro sorriso começar a bailar em seus lábios.

"Então, o que é que está sentindo?", perguntei, a essa altura já me sentindo muito curiosa.

"Vontade de gargalhar!", enquanto desatava a rir. "Do que é que eu estava com medo?"

"Onde é que você sente essa sensação?"

"Na minha barriga, mas meio que no corpo inteiro", ela respondeu, enquanto se sacudia de tanto rir.

"Ótimo, agora me diga o que existe além disso."

"Eu me sinto como uma criança, brincalhona, inteiramente feliz."

"Ótimo! Sinta isso completamente", eu lhe disse.

Ela começou a brilhar. "Agora, o que existe ainda além disso?"

"ALEGRIA!" A emoção dela parecia contagiosa. Parecia tão difusa, que eu me senti tomada pelo seu sentimento. "Eu sinto como se estivesse irradiando alegria, como se ela estivesse por toda parte", ela estava entusiasmada.

Alguma coisa dentro de mim sentia que ela ainda não tinha chegado lá, assim eu lhe perguntei mais uma vez: "O que há além desse ponto?"

E então a presença de uma grande paz encheu a sala enquanto ela ia ficando absolutamente imóvel. Uma expressão de paz e respeito se espalhou pelo seu rosto.

"Eterno. É eterno... Eu sou tudo... Estou em toda parte... É Deus... Beatitude. Não tenho palavras para descrever a sensação, Brandon."

"Eu sei", pensei comigo. "Não existem palavras para isso."

Ela tinha conseguido! Percebera sozinha que ela era a mesma percepção sem limites para a qual não existem palavras capazes de descrever. E, em vez de levar horas para isso, bastaram-lhe alguns minutos!

"Lindo...", eu lhe disse. "Lindo. Apenas fique nisso, *sendo isso.*"

Eu estava surpresa e estupefata. Tínhamos levado cerca de 15 minutos, embora ela estivesse passando evidentemente por uma profunda experiência com relação à sua própria essência, o seu verdadeiro eu. Quando eu me sentei com ela, também senti aquela paz imensa, como se eu tivesse atravessado as camadas com ela. E assim, por um tempo, ficamos sentadas saboreando a indescritível beleza da verdade.

"E agora?", fiquei pensando. "Como posso levar essa paz para o processo de cura de forma que ela possa ter acesso à sabedoria que brota naturalmente dele?"

Ainda que a experiência com a sua própria fonte tivesse sido profunda, eu sabia que não era suficiente apenas deixá-la diante dela. Era preciso processar a lembrança que tinha surgido espontaneamente. Eu sabia que o que levara o meu tumor a sumir não fora apenas o fato de aprender como chegar até a minha alma, mas também a descoberta do problema que estava guardado em meu corpo e por tê-lo resolvido e encerrado a história — *tinha sido uma combinação dos dois fatores.* Embora o Eu vasto, sem limites e eterno seja por si só imenso, ainda não se constitui no quadro completo.

Como poderíamos conseguir que a sabedoria nascesse dessa vasta e infinita paz para falar às diversas camadas emocionais que ela atravessara e, o que era mais importante, como levá-la diretamente para a própria lembrança? Assim eu lhe pedi simplesmente para falar desse lugar de paz para as diversas camadas de emoção. "Se essa vasta eternidade, essa paz, esse amor tivesse algo a dizer para as camadas emocionais anteriores, o que ela diria?", perguntei a ela.

Quando ela começou a falar, eu abaixei a caneta, imobilizada pela sabedoria que se despejava dela. Nancy disse: "Eu *sou* a alegria! A alegria sempre esteve dentro de mim, preciso apenas voltar minha atenção para ela, e ela estará sempre aí."

Eu nunca tinha escutado Nancy falar tão bem e tão simplesmente. Era como se a verdade estivesse falando. Assim eu lhe fiz a mesma pergunta uma camada mais acima, e mais uma vez o que ela disse foi tão inspirador que fiquei com lágrimas nos olhos. E assim, do mesmo jeito, continuamos, deixando que sua sabedoria interior falasse a cada camada.

Sentei-me humildemente, já que a verdade não parecia estar apenas falando coisas sábias, mas dava a impressão de estar dissolvendo toda a dor das camadas emocionais anteriores. Era como se as palavras que saíam da boca de Nancy fossem um antídoto à dor que ela experimentara. Quando ela acabou de falar com cada camada, foi como se a dor que estivera lá tivesse se dissolvido na vastidão da paz e da energia que ocupava o quarto.

Quando ela chegou na camada do abandono, olhei para baixo e percebi pelas minhas anotações que tinha sido nesse ponto que a lembrança tinha surgido. Pensei: "Como parece que a alma sabe perfeita e precisamente como conduzir todo o processo, tenho certeza de que a lembrança apareceu neste nível por um motivo e com um propósito. Parece que este seria o momento certo para nos dedicarmos à sua antiga lembrança — para conduzir Nancy pelo mesmo processo de cura pelo qual eu passei com meu tumor."

98 A Jornada

Assim, lembrando-me da minha experiência com Surja, eu lhe pedi para imaginar uma fogueira de acampamento e acomodar as pessoas que faziam parte daquela lembrança em volta do fogo. Sugeri também que trouxesse para junto da fogueira um mentor em cuja sabedoria ela confiasse e em cuja presença ela se sentisse segura. E então a sua conversa ao pé do fogo começou.

O processo dela correu de forma muito semelhante à do meu, e quando a jovem Nancy falou com a irmã e com sua melhor amiga sobre como se sentira abandonada e magoada, foi como se aquela dor silenciosa que já durava anos finalmente tivesse sido expressa e partisse. Então ela escutou o que a irmã e a melhor amiga contavam sobre o que estavam fazendo naquela ocasião. Nancy pareceu genuinamente surpresa ao ouvir que não era intenção da irmã roubar sua melhor amiga — que elas estavam apenas fugindo para se divertir. A irmã de Nancy pediu desculpas sinceras pela dor provocada por suas atitudes.

Quando pareceu que elas finalmente tinham resolvido o problema, perguntei a Nancy se ela sentia que estava tudo solucionado — se havia alguma coisa ainda não dita que precisava ser falada para a sua irmã? Ela respondeu que gostaria de agradecer à irmã, dizer-lhe que nunca soubera como a outra se sentira e queria que a irmã soubesse que, mesmo depois de uma série de mal-entendidos ao longo dos anos, ela a amava. Então eu lhe perguntei mais uma vez se ela se sentia como se estivesse completamente vazia; ela tinha dito tudo o que precisava dizer e ouvira tudo o que tinha para ouvir?

Ela respondeu apenas: "Sim."

As lágrimas rolaram pelas suas faces quando ela finalmente perdoou sua irmã por uma traição a que ela ficara presa durante anos — uma traição que *na realidade nunca acontecera*, exceto na cabeça da Nancy menina.

"Humm", pensei. "É estranho como isso se parece com o que está acontecendo nesse momento na vida dela. Ela se sente traída por Ronald, seu marido, e sente ciúmes e ódio inexplicáveis de uma coisa que *nem mesmo aconteceu*."

Fico admirada com a nossa capacidade de guardar esses velhos padrões emocionais, os quais se repetem indefinidamente, só que relacionados a diferentes pessoas. O mesmo problema, só que com personagens diferentes! E ainda assim parecemos nunca nos livrar da dor ou aprender a lição; simplesmente continuamos a seguir os mesmos antigos padrões, vezes e vezes seguidas!

Uma amiga me procurou certa vez reclamando que tinha a impressão de estar sempre passando de um relacionamento para outro. Ela disse que era como se apenas enfiasse todos os seus maus hábitos, velhos padrões de mágoa e a bagagem emocional dentro de uma mala. Então começava um novo relacionamento, abria a mala e os mesmos velhos padrões emocionais iam fazendo suas jogadas. Daí, ela os guardava novamente, saía do relacionamento e partia para o próximo, abria a mala, tirava toda a sua bagagem emocional... E assim por diante, indefinidamente. Ela me disse que estava cansada de não aprender a lição, mas em vez disso continuava a reprisar os velhos hábitos.

Nancy me fazia lembrar dessa amiga. Aqui estava Nancy, repetindo o seu abandono de infância e o ciúme que nasceu disso com seu marido, Ronald. Se não tivesse despertado logo para esse fato, ela poderia realmente criar a situação que mais temia — que o seu ciúme irracional o afastaria, e ele, de fato, a abandonaria. E ela teria então finalmente uma razão real, não imaginária, para se sentir abandonada.

Pensei: "Todos nós fazemos isso. Não é impressionante o fato de não recebermos um manual quando nascemos nos dizendo como proceder em relação a isso tudo e como lidar com isso quando coisas desse tipo começam a surgir?"

100 A Jornada

Quando o processamento da lembrança acabou, pedi a Nancy para mais uma vez deixar que sua sabedoria interior falasse aos outros níveis e que a energia da paz dissolvesse qualquer dor que tivesse restado. Quando ela acabou, eu fiz o que é conhecido como uma "integração futura" (um módulo padrão da Programação Neurolingüística para verificar com a mente não consciente se o processamento está todo integrado). Pedi a ela que olhasse para o primeiro dia depois daquele, uma semana a partir daquela data, um mês, seis meses, um ano... e assim por diante, para verificar como ela lidava em cada conjuntura com seu velho problema de abandono/ciúme.

Quando Nancy olhou para um dia no futuro, ela disse que sem dúvida o sentia mais fácil, mais leve — quase como se não fosse um problema, mas disse que deveria estar atenta para *não* imaginar que seu marido estaria fazendo alguma coisa às escondidas. Ao imaginar dali a uma semana declarou que seria ainda mais fácil se ver livre do antigo padrão, mas ocasionalmente precisaria se lembrar disso. Dentro de um mês ela dificilmente veria isso como um problema, e dentro de seis meses isso nem apareceria mais. Em um ano ela se sentiria livre e alegre, e dentro de cinco anos teria sido "levada longe" pela sabedoria e liberdade que desenvolvera. Dentro de dez anos ela se imaginava leve, radiante e alegre.

Achando a "Nancy futura" muito sábia, eu disse: "Por que não deixa a sabedoria do seu 'futuro eu' dar ao seu 'eu atual' alguns conselhos? Por que não escreve uma carta do seu futuro eu dando alguns conselhos práticos ao seu eu atual sobre o que fazer, o que dizer, o que pensar, como ser, que tipo de atitude tomar, como ajudar no seu relacionamento com Ronald, e assim por diante?"

Quando Nancy abriu os olhos, eu lhe dei um pedaço de papel, no qual ela imediatamente começou a escrever uma carta para si mesma. Escreveu durante algum tempo, e quando acabou, largou

A Jornada

101

a caneta e disse, rindo: "Meu futuro eu tem uma porção de coisas a dizer — e não apenas com relação a Ronald, mas sobre uma porção de coisas da minha vida."

Entregando-me a carta, ela disse: "O que você acha?" Eu a li, pensando mais uma vez: "Essa é a sabedoria das idades; isso se parece com sutras ocidentais modernos. Na realidade, não só é profundo, mas extremamente prático." Eu agradeci a ela por ter me mostrado sua carta e sugeri que a pusesse no espelho do seu banheiro para lembrá-la dos diversos compromissos que assumira consigo mesma.

Três dias mais tarde, quando entrei em contato com Nancy, ela me contou que não estava mais tendo aquele problema de ciúmes. Embora feliz com a notícia, eu ainda não me sentia completamente convencida. Assim, dois meses depois, telefonei para ela, só para me assegurar.

"Não, nem mesmo uma sombra dele, Brandon. Eu tive outros assuntos para resolver, mas o problema de ciúme definitivamente perdeu seu poder sobre mim."

Que primeira experiência extraordinária! Não apenas Nancy fora bem-sucedida descobrindo aquilo que passamos uma vida inteira procurando — o amor e a paz que estão no centro do nosso ser, que é a nossa alma — como também conseguiu chegar ao verdadeiro *cerne* daquilo que a levava ao jogo do ciúme. Ela tinha sentido ataques de ciúmes que pareciam totalmente fora de controle, mas quando ela tratou do problema real, guardado embaixo de tudo — o medo do abandono — e que finalmente foi resolvido, o ciúme passou a não ser mais um problema para ela!

"Interessante!", pensei. "Então é possível chegar ao cerne de um problema, ao verdadeiro incidente que o desencadeou. E assim que o cerne do problema é resolvido, a parte superficial pode finalmente se libertar." Fiquei imaginando: "E se *todo mundo* fosse capaz disso? Se *todos* nós fôssemos capazes de chegar à causa

102   A Jornada

real da nossa dor e de nos libertar ANTES de criarmos uma doença? Que tal se pudéssemos nos dar o nosso próprio 'chamado para despertar', de forma que nossos corpos não fossem forçados a fazer isso tudo por nós?"

Diferentemente de Nancy, eu tinha recebido um enorme "chamado para despertar" do meu corpo — na forma de um tumor. E não me fora dado muito tempo para descobrir qual era o cerne do meu problema, o que estava armazenado nas minhas células. Graças a Deus fui guiada para revelar problemas passados e finalmente liberá-los, e assim meu corpo pôde seguir o processo natural de cura.

Se pelo menos eu tivesse dado a mim mesma esse "chamado para despertar" mais cedo. Talvez, em primeiro lugar, o tumor nem tivesse surgido. Ou então eu pudesse ter me libertado antes do padrão degenerativo das células ter começado.

14

E foi nessa ocasião que eu comecei a fazer o meu trabalho de terapia individual tendo em mente o princípio de remoção das camadas. Eu estava determinada a ajudar as pessoas a chegarem às camadas inferiores de seus problemas, ao cerne daquilo que realmente estava "comandando seu *show*" no plano emocional — e eu sabia que era essencial para a transformação real que isso acontecesse no nível da alma.

Para que o processo pudesse se aperfeiçoar sem sofrer pressões profissionais, comecei trabalhando com meus amigos mais próximos e com parentes. Eu trabalhava com qualquer um deles que estivesse pronto para se descobrir e que desejasse sinceramente ficar livre de um problema emocional que o estava subjugando — que parecia estar seguindo no piloto automático.

Eu sabia que o abandono e o ciúme não são os únicos problemas emocionais que nos dirigem. Todos nós temos problemas, e vez por outra pode parecer que eles nos controlam. Ainda assim, nunca sabemos como chegar ao seu verdadeiro *cerne* — à *causa* subjacente da dor. E então só chegamos à sua superfície, tanto quando o ignoramos e fingimos que ele não existe, quando ao tentar nos convencer de que se dissermos todas as coisas pertinentes ao problema dentro de nossas cabeças poderemos realmente nos ajustar. Entretanto, a *causa oculta* permanece dentro de nós, e nos perguntamos por que, não importa o quanto nos esforcemos, de alguma forma não conseguimos nos livrar do problema.

Só para constar, todas as pessoas com quem fiz um trabalho bem-sucedido de atravessar as camadas emocionais ficavam atônitas com o fato de *antigas* feridas serem a causa da dor *atual*. Eu estava emocionada com os resultados espantosos que elas tinham alcançado. Trabalhamos com tudo, desde ciúmes até ressentimento, medo, culpa, vergonha, perda, raiva — o que você mencionar. Com o passar dos meses era possível ver um padrão claro emergindo, e assim decidi escrever um roteiro bem simples que pudesse ser usado para ajudar as pessoas a atravessar as camadas emocionais. E depois criei outro para ajudá-las a descobrir e resolver seus problemas emocionais com as pessoas ao redor de uma fogueira. Incluía uma conversa ao pé do fogo, um processo de perdoar inteiramente e ainda outro de "integração futura" — de forma que pudessem ver como as coisas seriam diferentes. Isso tudo seguido de uma carta do eu futuro para o eu atual.

Como o roteiro envolvia gráficos, Nancy, que era uma perita em informática, juntou-se a mim e pôs tudo no computador, ajudando-me a ter um quadro mais completo do processo como um todo. Quando saiu da impressora, eu o mostrei a Don, cuja perícia na área eu conhecia e que, além disso, era muito crítico e cético. Depois de lê-lo, ele me disse: "Isso é impressionante, Brandon. Provavelmente é um dos trabalhos mais importantes e profundos no campo da cura mente–corpo nos dias de hoje. Você se importa se eu usá-lo em algumas das minhas consultas particulares?"

"Não", respondi, espantada e honrada com a resposta dele. Eu esperava que ele se mostrasse muito crítico e se prendesse a minúcias. Em vez disso, ele se mostrara genuinamente interessado.

Ele me disse: "Você levou meses trabalhando nisso, e o resultado demonstra isso; não apenas no texto, mas em toda a sintaxe e conteúdo. Não é só notável, é *usável*."

Fiquei de boca aberta diante da reação dele e senti que talvez parte do trabalho em profundidade que eu tinha feito durante os últimos meses podia realmente ter dado certo. Quando nos sentamos no sofá da sala e eu folheei a dúzia de páginas da primeira versão de "O Processo da Jornada Emocional", senti como se finalmente uma peça do quebra-cabeça tivesse finalmente se encaixado. Nas minhas mãos estava um instrumento "vivo" que podia ser usado de uma maneira muito prática para ajudar os outros em suas próprias jornadas espirituais e emocionais.

Calmamente eu apresentei a Don o que eu tinha em mente com "O Processo da Jornada Emocional"; como eu me sentia grata em relação ao tumor, e como aquele "chamado para despertar" me libertara em tantos planos e não apenas fisicamente. Tinha sido um presente inestimável que eu sentia que deveria passar para os outros de alguma forma, e fiz minhas preces para que por meio dele outras pessoas pudessem reconhecer a imensa sabedoria inerente em si mesmas e se sentissem motivadas a perseguir suas próprias jornadas de descoberta, tanto no plano espiritual quanto no físico.

Eu lhe contei como me sentira motivada durante os últimos meses — como me sentira privilegiada por dar assistência a outras pessoas na descoberta de seus verdadeiros eus e como ficava admirada com o sucesso daqueles que se libertavam. Ficara impressionada pelo desejo e disposição naturais da alma para ajudar o corpo a se libertar dos problemas emocionais que tinham ficado armazenados lá durante anos. Todos tinham se mostrado tão abertos, tão dispostos, tão corajosos e os resultados refletiam essa grandeza.

106 A Jornada

Certa ocasião ouvi de um mestre espiritual: "Se você der um passo em direção à Graça, ela dará uma centena de passos em direção a você." Isso certamente parecia ser verdadeiro no caso da cura. É como se a sabedoria do corpo estivesse ansiosa para nos ajudar a nos ver livres desses velhos problemas: se fizermos apenas um pequeno esforço nessa direção, ela fará o resto.

Disse a Don que o que eu realmente desejava era atingir as pessoas que tinham desafios *físicos*, bloqueios e doenças, que eu queria ajudar os outros não só a se libertarem dos problemas emocionais, mas na jornada da cura *física* também. Da minha própria experiência com o tumor, eu tinha podido ver o poder da descoberta e revelação das lembranças guardadas nas células e conseguir chegar ao cerne delas. E sentira essencialmente que não era apenas o fluxo de uma experiência exclusivamente minha. Eu sabia que a possibilidade existia para todos. E assim, silenciosamente, rezei para que as pessoas que tivessem problemas físicos fossem encaminhadas para mim, de modo que pudéssemos começar a trabalhar nesse plano, tanto quanto em termos emocionais.

15

No dia seguinte, Don voou para Nova York aonde iria dar um de seus seminários da organização Robbins Research, e enquanto estava lá uma mulher chamada Ruth lhe telefonou e perguntou se ele poderia ajudá-la. Ela recebera o diagnóstico de que estava com um tumor uterino do tamanho de um *grape-fruit* e, embora já estivesse na casa dos 60, não acreditava no velho ditado que diz ser "impossível ensinar truques novos a cachorro velho". Ela estava muito aberta para tentar qualquer coisa que pudesse ajudá-la a se curar.

Os médicos lhe haviam dito que ela não tinha opção a não ser submeter-se a uma cirurgia, o que acarretaria a remoção do útero. Ela disse: "Veja bem, só o fato de ter passado da idade de procriar não justifica ficar cortando fora meus órgãos. Eles tratam disso como se fosse a coisa mais corriqueira, como se eu devesse pensar que a remoção do meu útero seria uma coisa normal."

Uma amiga lhe contara que eu conseguira me curar de um tumor maior do que o dela, e ela queria saber se Don poderia lhe dar alguns conselhos. Ela deveria ser operada dentro de um mês. Don encorajou-a calorosamente, respondendo que nunca é tarde para aprender e que ele tinha certeza que era possível participar da nossa própria cura. Ele lhe sugeriu que me telefonasse, que falasse diretamente comigo e, depois que ela ouvisse a minha história, ele a ajudaria na medida do seu alcance.

Só se passara um dia e já minha prece estava sendo atendida. Pessoas com problemas físicos estavam sendo atraídas para "A Jornada". Don se esqueceu de me telefonar avisando que tinha dado o meu número para ela, por isso quando Ruth me ligou foi uma completa surpresa. Fiquei encantada ao falar com ela e lhe disse como eu admirava sua coragem e abertura, informando-a também que a cura em termos físicos sem dúvida é possível. Perguntei-lhe de que tipo de tumor se tratava, e ela disse que os médicos achavam que fosse um fibroma.

"Que é benigno [não canceroso], não é?"

"Sim", ela respondeu, com seu sotaque nova-iorquino.

"Existe algum perigo em adiar a cirurgia?"

"Não. Na realidade, não há nenhum. O que acontece é que ... você sabe, os médicos..."

Eu lhe perguntei se estava disposta a adiar sua próxima consulta com o médico para daí a seis semanas.

"Mas minha operação está marcada para daqui a um mês."

"Sei que é muito o que vou lhe pedir, mas você poderia desmarcá-la ou, pelo menos, adiá-la? Levei seis semanas para me curar totalmente e não gostaria que você abreviasse seu tempo de cura."

Ela pareceu ficar confusa e insegura. Eu tinha me mostrado tão incisiva e franca desde as primeiras palavras que trocamos, e ela ainda estava se agarrando à idéia de que a sua cura pudesse se dar com mais rapidez que a minha. Então eu lhe contei toda a minha história, encerrando-a com a sugestão de que fosse ver meu marido em uma sessão individual, quando ela poderia passar por um processo físico que eu tinha desenvolvido a partir da minha

A Jornada

própria experiência de cura. No mínimo, ela se libertaria daquilo que estava armazenado no tumor e aprenderia as lições que ele tinha para lhe dar.

Ela me perguntou se eu já tinha aplicado o processo em alguém mais que tivesse um tumor, e eu admiti que ela seria a primeira além de mim, mas lhe garanti que tudo o que ela tinha a perder eram limitações, antigos padrões de mágoa e lembranças traumáticas que estavam guardadas em suas células. Na pior das hipóteses, ela teria apenas desperdiçado duas horas do seu tempo e adiado uma operação que não era urgente. Na melhor, ela poderia ter sucesso na eliminação do tumor.

Conversamos cerca de 45 minutos, e no final ela parecia agradecida, mas ainda um pouco cética. Eu não poderia culpá-la, porque eu também sou assim. A menos que eu saiba que uma coisa é real e verdadeira para mim, tudo o que os outros dizem não passa de uma sucessão de palavras.

Ela entretanto foi adiante e adiou a cirurgia por dois meses e marcou uma sessão com Don. Afinal, os médicos não ficaram bravos como ela achava que fossem ficar — talvez por considerarem o caso dela mais rotineiro do que urgente.

Don me ligou na noite seguinte e perguntou: "Agora me conte mais uma vez como foi realmente entrar no próprio tumor e descobrir as lembranças que estavam nele." Eu finalizara recentemente uma nova versão do processo pelo qual eu tinha passado originalmente na mesa da massoterapeuta. Usando uma linguagem de padrões mais ligados à outra mente que não a consciente, a Jornada Física guiava as pessoas na descida de um lance de degraus até a sua Fonte. Enquanto estavam ali, em sua própria essência, pedia-se a elas que, no olho de sua mente, entrassem numa navezinha mágica espacial capaz de levá-las segura e graciosamente para qualquer parte do corpo — o combustível era a sabedoria interna do corpo dessas pessoas, portanto não precisariam pensar em nada nem fazer nenhum esforço. Tudo o que precisavam fazer era deixar se levar para onde *a nave* quisesse ir.

Nesse trajeto, poderiam ter certeza de que *a genialidade interior de cada pessoa tinha permissão de assumir o controle* e decidir onde o trabalho começaria — ela deixaria as mentes "desligadas" na hora de tomar essa decisão. As lembranças celulares seriam acessadas no lugar escolhido por sua inteligência interior, pela sabedoria do seu corpo, e então o processo se daria lá.

Resumi a nova versão da Jornada Física para Don e lhe dei algumas sugestões de como trabalhar com Ruth. Assim que o processo ficou claro para ele e me pareceu que estava confiante em conseguir trabalhar com ela, eu lhe disse: "Gozado, *você é* que vai ser o primeiro a aplicar o processo físico. Não é interessante que se trate de uma mulher que tem um tumor no útero?"

"Sim, mas ela está na casa dos 60 e não deve ter a formação e o entendimento que você tem, Brandon."

"Bem, na verdade não é a pessoa, é o *processo* que funciona! Deus sabe que certamente foi só agora que descobrimos isso. De qualquer forma, não vai depender nem de Ruth nem de você; a verdadeira cura vai depender da inteligência infinita que existe dentro do corpo dela. Vocês serão apenas participantes voluntários do processo. Quando tiverem acabado, me telefone. Quero saber como se deu o processo."

Três dias depois, Don me ligou. "Surpreendentemente, correu tudo muito bem. Ruth é bem animada para uma senhora de mais de 60 e chegou com muita disposição. Ela disse que deseja fazer mais uma sessão, apenas para 'ter certeza'."

"Claro, e por que você não aceita? Mal não vai fazer; tudo o que ela precisa é perder alguma velha bagagem emocional." E assim eles fizeram uma segunda sessão.

Não tivemos notícias de Ruth durante três meses. A organização Robbins Research nos mandou para a Austrália para dar se-

A Jornada 111

minários e por isso não pegamos a mensagem que ela nos deixou na secretária eletrônica. Quando voltamos, eu fiquei grata ao ouvir aquele sotaque nova-iorquino vindo da secretária eletrônica. "Bom, fui ver meus médicos. Eles não conseguiram localizar o tumor; tudo o que restou foi um pouco de líquido que eles drenaram com uma agulha ... estou contando isso porque achei que vocês gostariam de saber. Acho que os deixamos perplexos, hein?" A voz dela soava engraçada, brincalhona e, ao mesmo tempo, nem um pouco impressionada.

16

Enquanto nos preparávamos para ir para a Austrália, eu continuei a aperfeiçoar o "Processo da Jornada Emocional", levando em conta tudo o que eu aprendia enquanto trabalhava com as pessoas. Cada vez que eu trabalhava com alguém o texto ficava mais forte, mais claro e mais "próprio para ser usado". Decidi levar o texto comigo para a Austrália, caso surgisse a necessidade de trabalhar com a Jornada enquanto estivesse lá.

Passamos uma temporada maravilhosa. Os australianos são sempre cordiais e impetuosos. Parece um país "recém-nascido", e o entusiasmo e a receptividade têm um frescor em sua natureza que me atraem particularmente.

Enquanto estávamos lá me ocorreu que essas seriam as pessoas que gostariam de *aprender* o "Processo da Jornada Emocional". Tinham-se passado uns 21 meses desde o episódio do meu tumor, e desde então eu só trabalhara em sessões individuais. Embora essas pessoas tivessem alcançado grandes resultados, eu ainda sentia que as estava guiando e que elas não estavam realmente *aprendendo* o processo. Eu estava "lhes dando o peixe" em vez de "ensiná-las a pescar". Eu já tinha pensado muitas vezes como se-

A Jornada   113

ria muito mais produtivo se as pessoas pudessem aprender a fazer esse processo sozinhas. Elas não precisariam ir a um treinador ou terapeuta especializado para realizar seu trabalho, mas poderiam seguir sozinhas o seu processo de remoção de camadas.

Afinal, é uma Jornada! Não é um emplastro adesivo, com o qual você dá um jeito num distúrbio qualquer e pronto. Todos nós temos muitos problemas emocionais para trabalhar, e eu peço verdadeiramente em minhas preces para que continuemos a abandonar essas limitações tantas vezes quanto elas surjam para nós. Não devemos parar jamais de nos transformar; somente nos aproximar cada vez mais da percepção de nós mesmos como um diamante puro, livrando-nos das camadas limitadoras que parecem esconder de nós os nossos verdadeiros eus.

Pensei em como seria maravilhoso se ao mesmo tempo eu pudesse *ensinar* às pessoas como fazer o "Processo da Jornada Emocional", e então elas teriam um conjunto de habilidades para trabalhar diante de qualquer problema emocional que pudesse surgir em suas vidas. Não seria como se eu, pessoalmente, precisasse fazer parte da jornada de cura de cada uma. É preferível que as pessoas removam suas próprias camadas, descubram o ilimitado silêncio do ser que existe em si mesmas, resolvam seus problemas emocionais, perdoem completamente e encerrem suas próprias histórias. Então cabe à natureza fazer o que ela sabe — curar o corpo.

Pensei: "Não seria maravilhoso se as pessoas pudessem ter um roteiro para poder trabalhar com ele — algo que pudessem compartilhar com companheiros e familiares? Em vez de ficarem sentadas assistindo à televisão todas as noites, talvez pudessem ocasionalmente decidir fazer algum trabalho de transformação com elas mesmas e começar a viver como uma expressão do verdadeiro eu de cada uma — como Liberdade."

114 A Jornada

Assim eu resolvi organizar um *workshop* curto, de uma noite, na casa dos meus amigos mais próximos, Catherine e Peter. As duas salas da casa deles podiam acomodar facilmente umas 16 pessoas. Achei que seria um número pequeno mas bem controlável para testar o trabalho de Jornada.

Na noite de domingo no final do seminário de Don, fiz um convite público para as pessoas para que fossem a essa primeira noite especial. Relatei a minha própria história e disse que eu realmente pretendia convidar apenas as pessoas que *sinceramente* quisessem se livrar de um problema que tivessem sentindo como "pendentes" — algum padrão emocional ou problema físico que, não importa o quanto tentassem, a despeito de quantas terapias tivessem feito, independentemente do número de seminários que tivessem freqüentado, *ainda* continuavam vindo à tona.

Eu não queria convidar pessoas que estivessem interessadas apenas em aprender mais um processo, já que eu tinha apenas 16 vagas, e achava que essas vagas eram muito preciosas e deveriam ser destinadas às pessoas que real e profundamente desejassem libertar-se de algo que as desafiava havia anos.

Metade do salão levantou as mãos, e assim eu precisei reiterar meu pedido. "Isso está sendo feito a serviço da liberação e não é um processo para aqueles que buscam novidades. É um processo para aqueles que realmente desejam arregaçar as mangas e encarar o tigre olho no olho — enfrentar antigas lembranças emocionais e padrões que podem não ser muito agradáveis de se olhar.

"Estou pedindo para que só aqueles que se sintam preparados para um trabalho profundo, que se sintam realmente prontos para concluir suas histórias, venham me procurar no fundo do salão."

As vagas foram preenchidas tão rapidamente quanto a minha caneta conseguiu escrever. Quando olhei para aquele mar de rostos carregando uma expressão de desapontamento, eu me senti terrivelmente mal por ser obrigada a dispensar os excedentes. Nunca tinha percebido tão claramente o quanto todos nós ansiamos por conhecer o nosso verdadeiro eu. E o quanto desejamos nos livrar das correntes que nos prendem emocionalmente e impedem que experimentemos a alegria infinita no âmago do nosso ser.

Eu já tinha feito o processo da Jornada com um casal de amigos na Austrália, assim eu os treinei para funcionarem como auxiliares a fim de que as pessoas que estivessem fazendo o trabalho A Jornada pela primeira vez se sentissem apoiados. Don ficou ao meu lado, oferecendo sua imensa experiência naquele primeiro *workshop* de Jornada. Havia somente oito duplas trabalhando e quatro de nós prestando ajuda, o que parecia suficiente para manter o controle — um auxiliar treinado para cada dupla que estivesse trabalhando. Haveria sempre um de nós à disposição no momento em que alguém precisasse de ajuda ou caso quisesse perguntar alguma coisa. Queria que todos soubessem que era um ambiente seguro e acalentador e que todos estavam muito bem apoiados.

Fiquei surpresa quando as 16 pessoas chegaram cedo ou pontualmente no horário. Quando todos estavam reunidos, pude sentir uma avidez crescente, mas também bastante nervosismo. Pedi a todos que durante cinco minutos deixassem que suas energias se acomodassem, para que todos passassem a estar realmente "presentes". Fechamos os olhos e nos sentamos juntos para uma meditação silenciosa.

Eu me achei repousando na poderosa paz que tinha se tornado uma tendência normal em minha vida. A sala inteira ficou em silêncio na presença daquela imensa quietude. Dava para ouvir o som da queda de um alfinete. Nenhum músculo se movia, e ainda assim havia uma prontidão cintilando na energia da sala.

Senti como se meu próprio estado de consciência enchesse não só a sala, mas se estendesse infinitamente além, englobando tudo e estando em tudo. Minha mente ficou absolutamente imóvel, completamente livre de pensamentos, e parecia que estávamos todos nos banhando, nos encharcando dessa presença de amor. Estávamos entrando na "Fonte".

Depois de alguns minutos abrimos os olhos, e quando me senti pronta para falar me ocorreu que essa quietude é contagiosa. Basta apenas uma pessoa estar nesse estado de consciência livre de pensamentos para que todas as outras se contagiem. Eu tinha lido uma bonita citação de W. B. Yeats que expressa isso perfeitamente:

> Podemos deixar a mente em um estado semelhante a um espelho d'água que seres se juntam a nós para ver suas próprias imagens, e então por um momento vivem uma vida mais clara, talvez até mesmo mais intensa, por causa da nossa quietude.

Durante anos, tenho ouvido uma palavra em sânscrito que muitas vezes é usada para descrever esse fenômeno. Chama-se *Satsang*; *Sat* significa "verdade" e *sang* significa "na companhia da". Então, *Satsang* significa "na companhia da verdade", ou na presença dela, ou em comunhão com ela. Ali estávamos em paz, na quietude, na companhia da verdade. *Satsang*.

Depois da meditação, eu lhes falei sobre a minha jornada de cura e, mesmo durante os desdobramentos da história, continuávamos nos banhando naquela paz, em *Satsang*. Fiz questão de incluir no relato a minha experiência de remoção das camadas e a descoberta de que, debaixo de todas as camadas emocionais, existia o vácuo, e como, quando caí por aquela passagem, cheguei à extraordinária presença do amor que eu percebi ser a minha própria alma. Contei a eles a admiração que senti ao experimentar a minha própria sabedoria interna e como percebi que era a inteligência infinita interior a responsável por toda a cura e que eu era apenas uma humilde voluntária no processo.

A Jornada

Disse-lhes que sentia que era possível para todos conhecerem seu verdadeiro eu e, ao fazer isso, chegar então à sabedoria interior que jorra naturalmente da fonte de cada um. Enfatizei que o trabalho A Jornada não era um processo "mente-sobre-matéria", mas uma jornada de descoberta alma adentro.

Continuei, dizendo a eles que eu acreditava que a verdadeira cura começa no plano da alma — no nível de conscientização essencial — e se reflete através do plano emocional até o físico. Então, a fim de chegar ao *núcleo* do problema emocional, precisamos em primeiro lugar chegar ao *cerne* do que *realmente* somos. Dessa forma, uma vez em contato com a nossa própria essência, *aquela* sabedoria pode nos guiar para descobrirmos as lembranças emocionais que estão armazenadas no corpo. Só então é que conseguimos chegar ao fundo de tudo e nos libertar. Conforme ia falando, eu olhava no fundo dos olhos das pessoas que estavam ouvindo e me sentia encorajada ao ver que algumas delas pareciam reconhecer e entender aquilo que eu estava dizendo.

Perguntei a um dos meus amigos, Ian, se ele desejaria fazer uma demonstração do processo da Jornada e ele aceitou calorosamente, o que achei fantástico da parte dele. Ele tinha um problema de frustração que o vinha atormentando e, assim, resolvemos usá-lo. Embora estivéssemos na Austrália, Ian é inglês e um tanto reservado, por isso me senti muito grata por ele estar emocionalmente aberto e disposto a passar realmente pelas camadas.

Quando foi descendo através delas, sentiu como se todos na sala estivessem indo com ele. A certa altura ele atingiu uma camada de desesperança e, quando começou a chorar, percebi que havia lágrimas nos olhos de muita gente. Quando chegou ao buraco negro, a que chamou de vácuo, ele apresentou uma ligeira resistência, e então seu rosto começou a brilhar com uma alegria radiante à medida que foi se vendo na presença da paz interior.

Concluiu com uma lembrança bem do início da sua infância, de quando ele estava numa cabana. Achava que tinha sido abandonado e se sentia muito frustrado e desprotegido porque não conseguia comunicar a ninguém a sua necessidade de ajuda. Finalmente, ao redor da sua fogueira de acampamento, ele foi capaz de expressar aos pais como se sentira realmente naquela ocasião, e os perdoou com muita facilidade. Quando finalmente concluímos todo o processo, ele estava com uma aparência radiante e receptivo como uma criança.

Olhei em torno da sala, e as lágrimas brotavam nos olhos de muitas pessoas. Elas se sentiam muito comovidas, muito tocadas por perceberem uma transformação tão profunda em tão curto espaço de tempo. Na sala havia uma combinação de ternura palpável e compaixão com a abertura desejada, o que fazia daquele o momento perfeito para sugerir àquelas pessoas que pegassem seus roteiros, formassem os pares e começassem seus próprios processos.

Enquanto percorria as duas salas, eu me sentia profundamente comovida com a profundidade dos processos pelos quais aquelas pessoas passavam e do quanto elas conseguiam se libertar. Havia uma mulher, entretanto, que parecia enfrentar um momento difícil ao atravessar as camadas — toda vez que se aproximava do buraco negro, ela o evitava e voltava ao ponto de onde partira.

Percebi isso e pensei: "Ora, todos nós não fazemos isso? Exatamente quando estamos quase prontos para nos salvar, alguma coisa dentro de nós nos impede, ficamos paralisados e voltamos aos nossos velhos hábitos, vezes e vezes sem conta. Temos medo do desconhecido e o evitamos a todo o custo, mesmo que isso signifique que não vamos nos libertar jamais de nossas velhas histórias de dor e sofrimento."

Aquela mulher sofria de depressão crônica e estava tão debilitada que não conseguia trabalhar e vivia da pensão por invalidez havia seis anos. Ela tinha me dito na chegada que aquela poderia ser sua última esperança. Já tentara de tudo, de terapia a drogas e seminários, nada tinha funcionado para ela. Mesmo levantar-se pela manhã era uma luta. Ela se obrigara a ir naquela noite ao *workshop*.

Em sua voz se percebia o tom do fracasso, como se já tivesse predeterminado que falharia mais uma vez, como tinha feito com todas as outras tentativas durante os últimos seis anos. Quando me aproximei, ela já tinha passado pelo "ciclo" três vezes — simplesmente não conseguia enfrentar o buraco negro. Quando olhei o que o seu parceiro havia escrito como sendo as camadas emocionais dela, pensei: "Humm, esta é a mais perfeita descrição do seu padrão completo de depressão. É clássico, e é claro que ela não sabe como cair através do buraco negro — é a coisa que mais a aterroriza."

Lembrei-me da minha primeira experiência com o vácuo negro e me recordei como sentira medo de estar à beira da aniquilação e ficara apavorada. Senti uma profunda compaixão por ela e, ao mesmo tempo, a firmeza de *saber* que, para que finalmente pudesse "libertar-se" de seu velho padrão, ela *teria* de enfrentar a escuridão e cair dentro dela.

Com voz gentil mas firme, eu lhe disse: "Você reconhece este velho padrão? Você passa da depressão sucessivamente para a desesperança, o desamparo, a desolação, o desespero, a ansiedade, o medo e, então, chega a esse vazio escuro e fica *paralisada*, e fica brava e frustrada. Então o que você faz? Fica deprimida com a frustração — então volta diretamente para o alto e segue o mesmo padrão outra vez. Você costuma fazer isso muitas vezes em sua vida?"

"Ah, sim. Este padrão é um velho amigo meu. Eu o conheço muito bem. De fato, isso é exatamente o que eu faço. Quando chego na ansiedade e no medo, desisto. Então, eu me sinto tão frustrada que fico completamente deprimida."

Perguntei-lhe se finalmente desejava se libertar. Ela disse raivosamente: "É claro que quero. Estou cansada disso."

"Então você vai precisar encarar a escuridão e se entregar a ela, depois relaxe e finalmente caia, passando através dela."

"Mas eu não sei o que vai acontecer comigo se eu fizer isso."

"Eu sei", eu lhe disse. "Mas se quiser ficar livre, você vai ter de CONFIAR."

Assim, eu a guiei através das camadas, assegurando-me de que não permaneceria tempo demais em nenhum nível, já que tinha tendência para se estender um pouco em cada um e eu não queria que isso servisse de distração para ela. A Jornada não é para expressar e chafurdar em sua dor a cada plano; trata-se de sentir a emoção o tempo suficiente para experimentá-la e descer ao nível seguinte, até que finalmente tenha passado por todas as camadas até a sua fonte.

Quando chegou ao buraco negro, ela anunciou num tom de voz de quem diz "eu não disse": "Estou paralisada!"

"Então, que tal se você relaxar, sorrir e apenas se deixar cair no buraco negro? Como se sentiria?"

"Não sei como eu me sentiria!"

"Mas eu imagino o que você sentiria se fizesse isso."

Uma rápida expressão de confusão e questionamento passou pelo seu rosto, e então ela começou a tremer: "Estou caindo! Estou caindo!"

"Continue caindo", eu lhe disse. E de repente ela explodiu em lágrimas, soluçando continuamente, as lágrimas escorrendo pelo rosto. "Eu sou amor ... Eu sou Deus ... é Deus ... é ... não sei o que é ... estou Livre ... sou a Liberdade ... sou linda ... é lindo ..." Ela chorava de alívio e irradiava admiração.

A Jornada 121

Eu sabia que o resto do processo seria muito fácil. Ela tinha finalmente chegado a conhecer o que estava debaixo de toda a ansiedade e medo e tinha percebido que verdadeiramente não havia nada para se temer. Eu devolvi o roteiro para o parceiro dela e eles finalizaram o processo com sucesso.

Conforme a noite ia prosseguindo, mais umas duas pessoas da sala mostraram-se um pouco reticentes e levantaram as mãos para fazer algumas perguntas, mas tudo o que precisavam era um pouco de reforço de alguém que tivesse passado pelo processo.

A Fonte é realmente contagiosa, e eu já percebera havia algum tempo que quando estava mergulhada na Quietude, no Silêncio, a pessoa com quem eu estivesse trabalhando encontrava o seu caminho para esse estado de consciência com muito mais facilidade e entusiasmo. Para trabalhar com alguém, você não pode apenas fazer o processo, precisa SER ele, vivê-lo. Então fica fácil a pessoa "pegá-lo" de você.

Levei esse princípio para as minhas sessões individuais regulares e para os seminários. Dou treinamentos cada vez mais avançados para os auxiliares. Quando trabalhamos com as pessoas, nós realmente estamos preparados para lhes dar assistência no correr de todo o processo. Passamos por isso inúmeras vezes; já vimos os tipos de desafios que podem surgir, desenvolvemos habilidades para poder lidar com eles e estamos muito mais preparados para prestar um grande serviço às pessoas durante o processo.

Naquela noite, quando terminou o *workshop*, passava bem da meia-noite e, ainda assim, as pessoas permaneciam ali, ninguém queria ir embora. Estávamos todos nos deleitando no aconchego gerado por essa cura, por ter estado na presença pura do Amor.

Três meses depois eu recebi uma carta enviada da Austrália. "Estranho", pensei, "não dei meu endereço para ninguém naquela noite. Essa pessoa deve ter tido muito trabalho para conseguir o endereço da minha casa." Quando abri o envelope, identifiquei o nome que vinha no final da carta como o daquela senhora cujo diagnóstico era depressão crônica incurável. O meu coração começou a bater mais rápido, enquanto pensava: "Será que aconteceu alguma coisa?", até que li suas palavras simples, mas comoventes.

Ela contava que, na noite do *workshop* da Jornada, descobrira uma ansiedade esmagadora *debaixo* do manto da depressão. Uma vez tendo encarado e resolvido o problema da ansiedade, a depressão sumiu completamente — ela não tinha passado por um momento sequer de depressão desde aquela noite. Dizia que no passado precisava fazer um esforço descomunal só para se levantar da cama pela manhã, enquanto agora, não só acordava cedo naturalmente, como estava "simples e efetivamente ocupando-se do seu dia". Estava muito feliz por ter conseguido voltar a trabalhar depois de seis anos de uma doença crônica.

Essa carta está guardada entre algumas centenas iguais a ela, em uma pilha enorme que eu conservo como testemunho da imensa coragem e sabedoria inerentes à alma humana. Toda vez que recebo uma carta, eu me sinto novamente inspirada e profundamente comovida — admirada pelo destemor, força e sabedoria que existem dentro de nós, e parece que estou ouvindo pela primeira vez sobre a Graça surpreendente que existe em nossos corações. Essas cartas ainda me trazem lágrimas aos olhos — a grandeza que está nelas nunca deixa de me inspirar respeito.

A partir daquela noite simples e intensa, o *workshop A Jornada* se expandiu e se aprimorou. Desde então, ele cresceu para um programa de dois dias, cheio, rico e muito intensivo, do qual as pessoas saem reconhecendo o que elas realmente são — tendo bebido profundamente do manancial de paz que está no centro do nosso ser.

A Jornada 123

No primeiro dia passamos pela Jornada Emocional. Aprendemos e experimentamos o processo de remoção de camadas e chegamos ao âmago da nossa alma. Nossa sabedoria interior, então, guia-nos para descobrir e resolver antigos problemas emocionais. Aprendemos o processo da fogueira de acampamento e o da futura integração.

No segundo dia passamos todos pela Jornada Física, uma extraordinária viagem de descoberta dentro do corpo para revelar qualquer bloqueio ou pontos inflexíveis ou áreas doentias que possam existir. Descobrimos as lembranças reais armazenadas nas células e passamos pelo processo de resolvê-las e trabalhar para perdoá-las, o que é necessário para concluir a história e nos libertarmos.

Assim, *você* gostaria de viver a sua própria experiência do processo da Jornada Emocional? Pode parar de ler agora, ou continuar e fazer o processo mais tarde. O roteiro que uso nos seminários está mais adiante, na seção "Ferramentas". Você vai precisar reservar duas horas de tempo na companhia de alguém em quem confie, de preferência uma pessoa que já tenha lido este livro e esteja aberta e disposta a trabalhar com você. Ou, se não tiver ninguém para trabalhar com você, pode usar o programa de fitas que o ajudariam a guiá-lo nesse processo.

17

Assim, agora que você aprendeu ou experimentou o processo de Jornada Emocional, está na hora de aprender mais sobre a Jornada Física.

O processo de Jornada Física de um homem foi particularmente comovente. Jim era um padeiro humilde, com 67 anos, que possuía uma pequena padaria em Tyne and Wear, no norte da Inglaterra. A sobrinha dele começou a freqüentar um dos meus seminários introdutórios e tinha sugerido a ele que conversasse em particular comigo sobre o seu problema de saúde. Quando me telefonou perguntando-me se eu o veria, ela me avisou: "Jim não está acostumado com os procedimentos que envolvem a cura mente–corpo e pode se mostrar bastante cético e auto-suficiente. Ele é de Yorkshire e tem um temperamento muito rude. Não quero que você se sinta intimidada por ele."

Dei uma risada e disse que ficaria muito feliz em conhecê-lo. Expliquei-lhe que muitas vezes, quando as pessoas não conhecem o trabalho, fica muito mais fácil lidar com elas.

"Não sei", ela hesitou. "Ele é uma pessoa bastante determinada."

"Ter opiniões firmes é uma qualidade. Acho que vou gostar dele!"

Jim viajou para Londres de trem, sem conhecer nada a meu respeito, nem mesmo a minha história — apenas confiando no conselho de sua sobrinha favorita. Quando abri a porta para recebê-lo, dei de cara com um par de olhos ardentes e bochechas vermelhas. Jim era exatamente como Suzy o havia descrito. Era evidente a sua condição de homem que não aceitava nada aparentemente sem sentido, que definitivamente tinha suas próprias idéias.

Com passos largos e determinados ele caminhou diretamente para a minha sala e sentou-se, antes que eu tivesse a menor chance de lhe oferecer uma cadeira. Gostei dele imediatamente. Havia uma centelha em seus olhos, e sob aquela ferocidade detectei uma emanação interior, um brilho.

Quando nos sentamos para tomar chá, ele não perdeu tempo para chegar ao ponto. Em sua maneira direta, característica da sua região, ele disse: "Não sei o que você faz, mas minha sobrinha acha que você pode ser capaz de me ajudar." Eu me preparei para dar a ele uma versão condensada da minha própria história e comecei, dizendo: "Bom, na verdade..." Mas antes que eu pudesse continuar, ele me interrompeu abruptamente: "Não, não! Eu quero lhe contar a *minha* história..." Então, uma fagulha brilhou em seus olhos e ele disse: "Eu mostrei a eles... Eu mostrei a todos eles."

Ele aguçara meu interesse. Perguntei-lhe o que queria dizer com aquilo e dei-lhe a deixa exata pela qual ele estava esperando para, com grande prazer, desandar a contar sua história.

"Dois anos atrás, procurei o meu médico. Ele me fez sentar como se fosse ter uma conversa franca comigo, olhou-me diretamente nos olhos e, com um tom grave na voz, disse-me que eu tinha um câncer do tamanho de um ovo no pulmão. Estava tão avançado que eu tinha menos de três meses de vida. Disse-me que não havia nada que pudesse fazer por mim e que eu precisava deixar meus negócios em ordem.

"Consegue imaginar isso?", berrou, evidentemente ofendido. "Um doutor me dizendo que só tenho mais três meses de vida! Que monte de besteira! Ainda não estou pronto para esticar as canelas — não é a minha hora de morrer! Posso estar com câncer no pulmão, mas isso não significa que eu queira empacotar e desistir. Que monte de lixo — maldição!"

"Então, o que aconteceu?", perguntei-lhe, curiosa. Eu estava absolutamente fascinada por sua tagarelice.

"Ora ... Fui atrás de um outro médico."

"E o que ele disse?", perguntei.

"Ele me disse que eu só tinha *dois* meses de vida!"

"E daí o que você fez?"

"O que mais eu podia fazer? Eu o dispensei. Então fui a um terceiro médico e o dispensei também."

"E o que aconteceu depois disso?"

"Bom ... finalmente encontrei uma médica que disse alguma coisa que fazia mais sentido. Ela tinha um histórico de casos bem-sucedidos e realmente alcançara sucesso ajudando sete pessoas a entrar em remissão do mesmo tipo de câncer que eu sofria. Pareceu-me que valia a pena ouvi-la, porque pelo menos ela sabia que era possível sobreviver e se recuperar. Entre os médicos, ela era a primeira que não estava convencida de que eu tinha de morrer."

Olhando aquele padeiro de 67 anos, senti uma onda de admiração. Ele tinha um espírito de luta primitivo e um senso de humor áspero e estranho. Não tinha formação na área de saúde e, ainda assim, sabia que não se deve aceitar o primeiro prognóstico. Pensei em como seria maravilhoso se todos nós tivéssemos essa vontade de viver. Que exemplo ele é para todos nós.

A Jornada

Já li muitos livros que tratam da psicologia de pacientes que sobrevivem ao câncer. Umas das características mais importantes que os pesquisadores determinaram como fator causal na sobrevivência é a vontade de viver. Muitas vezes os pacientes mais difíceis, que são mais rabugentos, que solicitam mais os médicos e são exigentes com as enfermeiras, são os que conseguem vencer a parada. Era exatamente o tipo de homem que eu tinha diante de mim.

"Então, o que aconteceu, Jim? Você, evidentemente, não bateu as botas!" Ele era o próprio retrato da saúde, e eu lhe disse isso. Ele prosseguiu descrevendo os diversos tipos de tratamentos pelos quais passara: quimioterapia, radioterapia, etc. Havia um genuíno tom de orgulho em sua voz quando acabou sua história com: "Eu mostrei a eles todos. Há três meses passei por um MRI scan (raio X de tecido mole) e o diagnóstico foi positivo. O tumor entrou em remissão — não criou metástase como os outros médicos esperavam — ele não se espalhou."

Todo alvoroçado, ele se mexia e dava risada, enquanto dizia: "Há uns dois meses eu fui ver o primeiro médico com quem tinha me consultado. Ele ficou em estado de choque quando me viu! Ficou pálido, como se estivesse vendo um fantasma. Ele tinha a mais absoluta certeza de que eu tinha morrido vinte meses atrás! E eu não tenho a menor intenção de parar agora — pretendo continuar!" Pelo espírito do homem que estava sentado diante de mim, eu sabia que ele conseguiria. Teimosamente e com ar triunfante reforçou o fim da sua história dizendo: "O meu tempo não acabou ainda!"

Eu lhe disse: "Essa é uma história incrível, Jim. Você devia ir a público e contá-la para outras pessoas. Deixe-as saber que é possível participar da sua própria jornada de cura; que ninguém é obrigado a aceitar o primeiro prognóstico que lhe dão como se fosse o evangelho, e que todos nós temos a liberdade de esco-

128   A Jornada

lher qual o caminho de cura que desejamos seguir. Você deve ir e contar a outros pacientes com o mesmo tipo de câncer que você tinha. Deixe que eles vejam a possibilidade bem diante dos seus olhos. Você é um exemplo maravilhoso para todos."

"Eu sei disso. E já estou fazendo isso do meu jeito", ele sacudiu os ombros, um pouco envergonhado.

"Então, por que você está aqui?", perguntei. "Eu o sinto como um professor para mim. Você é um exemplo brilhante daquilo que é possível."

De repente, aquele seu jeito extrovertido, quase turbulento, transformou-se numa postura tranqüila e vulneravelmente suave. A voz dele ficou quase inaudível e ele assumiu uma expressão infantil e aberta. Precisei me inclinar para a frente a fim de ouvir a explicação que ele estava dando para a sua visita.

"Eu quero saber por que ... Eu quero saber por que *isto* está aqui", ele sussurrou, batendo no peito. "Sei que preciso aprender alguma coisa do que aconteceu. Isso não apareceu só para que eu pudesse provar que alguns médicos estavam errados. Sei que aconteceu por alguma razão. Apenas quero saber o porquê", ele disse suavemente, quase sem entonação na voz. "Eu não quero que isso apareça em outra parte do meu corpo só porque não aprendi o que ele tinha para me ensinar."

Fui dominada por suas palavras. As lágrimas brotaram em meus olhos por estar diante de tanta força e coragem e, ao mesmo tempo, de uma humildade tão evidente. Aquele homem estava me mostrando que admitia que não tinha todas as respostas e que esperava que talvez eu pudesse indicar-lhe o caminho da descoberta daquilo que o tumor tinha para lhe ensinar. Fiquei tão comovida por ele ter se exposto tão delicadamente, que não consegui falar por um minuto ou dois.

Então, eu lhe disse com muita simplicidade: "Bom, esta é a minha especialidade. Ajudo as pessoas a descobrirem o que essas

A Jornada   129

doenças têm a nos ensinar. A minha intenção é que, aprendendo *de verdade* as lições, não tenhamos de repeti-las. A minha crença é que o que leva tantas pessoas que tiveram um tumor canceroso removido cirurgicamente a ter outro três anos depois em algum outro lugar liga-se ao fato de não terem aprendido a lição e captado o que a alma queria lhes transmitir da primeira vez. Então a alma lhes diz: 'Ei, você não ouviu o meu primeiro chamado para despertá-lo — deixe-me tentar novamente. Quem sabe você me escute desta vez.' E assim surge um novo tumor."

Jim concordou e completou: "Eu tenho certeza de que preciso aprender alguma coisa, só não sei o que é."

E então eu contei a ele um versão resumida da minha própria história, terminando com a declaração de que eu ficaria feliz em ajudá-lo a descobrir as antigas lembranças guardadas dentro do tumor, para que ele pudesse aprender o que o tumor tinha para lhe ensinar. Ele olhou bem no fundo dos meus olhos, como se procurando a minha alma, e então disse calmamente: "Eu ainda não sei o que é que você faz, mas confio em você e estou disposto a tentar qualquer coisa."

E assim começamos o processo de Jornada Física. Ali estava um homem que não sabia nada a respeito do conceito de mente–corpo, que apenas "sabia" de alguma forma que havia algo mais profundo que precisava ser compreendido. Mais uma vez pensei em como estamos todos sedentos para aprender nossas lições e nos libertarmos. Que sede divina é esta.

Para uma pessoa tão forte e intransigente, ele acabou por se mostrar muito aberto e verdadeiro no processo. Ele era quase infantil em sua abertura. Quando chegou dentro do pulmão, antes que eu pudesse lhe perguntar o que havia no tumor, uma lembrança *muito vívida* surgiu diante dele.

Ele estava com 16 anos, na Inglaterra no tempo da guerra. Seu pai havia abandonado a família e o deixara para tomar conta

130 A Jornada

de sua mãe. As bombas alemãs caíam por todo o país. Ele estava na escola quando uma bomba atingiu o seu bairro. Alguma coisa dentro dele o fez entrar em pânico. Lutando com os professores, ele conseguiu escapar, fugiu da escola e correu para casa para encontrar sua mãe. Procurou, procurou... mas ela não estava lá.

Finalmente, passou das alamedas secundárias para a rua principal. E ali ele a encontrou. Ela estava lá, estendida, deitada, jovem e linda, como se estivesse tirando um cochilo. Ele correu para ela e a sacudiu, tentando acordá-la. E continuou a sacudi-la até que um policial chegou e o afastou.

"Ela está morta, filho."

Então as lágrimas e a ira vieram à tona. A raiva que ele nunca conseguiu expressar — a ira contra Deus. Como ele poderia perdoar a Deus por levá-la tão cedo? Ela era tão jovem, tão bonita, tão cheia de vida. Como Deus podia ter feito uma coisa assim? Que espécie de Deus era esse?

Mais indignação aflorou — indignação contra o inimigo. Como poderia algum dia perdoar aqueles malditos nazistas? Ela não tinha arma. Nem sequer estava na guerra. Como podiam matar uma mulher inocente? Como poderia encontrar em si mesmo compaixão por pessoas tão más? Toda aquela *ira* não expressa e sem solução apenas brotava em borbotões. Assim, o jovem Jim, não sabendo o que fazer com toda aquela dor, enfiou-a toda logo ali, do lado do coração — no seu pulmão esquerdo.

Sugeri que fizéssemos algo que eu nunca tinha feito antes. Pedi a Jim que montasse uma fogueira bem dentro do seu pulmão e convidasse todas as pessoas da sua lembrança, *inclusive Deus*, para uma conversa ao pé do fogo. Eu me sentei silenciosamente enquanto Jim punha para fora 50 anos de raiva nunca declarada contra Deus, finalmente expressando suas opiniões, tirando-a do seu peito e despejando-a para fora de suas células.

A Jornada

Eu lhe perguntei o que ele achava que Deus poderia responder, e foi como se uma sabedoria interior surgisse do fundo de si mesmo. Ele explicou que ninguém é levado antes da sua hora. Havia outros planos para sua mãe e ele devia saber que ela estava em paz e exatamente onde deveria estar. Era o momento de perdoar a Deus, e então foi como se o seu coração se abrisse completamente e o perdão derramou-se dele, um perdão tão vasto que fiquei sem fôlego. Sua humildade e amor me puseram de joelhos.

Em seguida, ele falou com os nazistas. Expressou tanta fúria que eu não sabia se o meu próprio coração iria suportar. E, mais uma vez, quando perguntou à sabedoria interior o porquê, os inimigos replicaram que estavam apenas cumprindo ordens e que estavam tão assustados quanto ele. Armas eram apontadas contra as suas cabeças e as mães deles também estavam sendo mortas.

A compaixão tomou conta de Jim, enquanto ele chorava diante da compreensão daquilo que eles alegavam. A voz dele se partiu quando perdoou de todo o coração os inimigos. Então pediu pelo perdão deles por tê-los julgado tão mal durante todos aqueles anos.

Percebi que ele tinha finalmente encerrado aquela história. Estava tudo acabado. Cinqüenta anos de ira não resolvida tinham terminado. A aparência dele era como se uma máscara de gesso tivesse se quebrado completamente, revelando o seu verdadeiro eu, e ele brilhava suavemente.

Quando o processo dele acabou, fiquei sentada calmamente com aquele homem extraordinário. Ele parecia irradiar paz e uma inocência infantil. Tranqüilamente eu lhe disse: "Eu tinha razão. Você veio até aqui como professor, para me ensinar." O rosto dele estava enrubescido, os olhos brilhavam como diamantes e uma doçura interior parecia emanar dele. Não havia muita coisa mais a ser dita.

132 A Jornada

Antes que se levantasse para ir embora, eu agradeci a ele por ter vindo e lhe disse: "Sei que você vai repetir seu exame daqui a duas semanas. Gostaria que ficasse aberto à possibilidade de não encontrarem mais nada aí."

"Não, não", ele disse, muito surpreso por eu ter sugerido uma coisa desse tipo. "Isso não é possível. Veja, o meu tumor não é como o seu, é de um outro tipo. Não existe registro de *ninguém* que tenha tido este tipo de tumor que tenha ficado completamente curado. Nos casos de câncer de pulmão, o melhor que se pode esperar é que ele entre em remissão — que ele não se espalhe, e foi o que já aconteceu. Não vim procurá-la para *curar* o tumor. Vim apenas para descobrir por que ele estava lá e para aprender o que ele tinha para me ensinar."

Eu lhe disse suavemente: "Por que você não deixa ao menos em aberto essa possibilidade — talvez você seja o primeiro. Nunca se sabe. Simplesmente se mantenha sendo o exemplo magnífico que já é. Saia e espalhe pelo mundo que uma cura no plano celular é possível. Foi uma honra para mim trabalhar com você." Quando ele saiu, pensei em que bênção enorme é poder fazer este trabalho. Eu me sentia como se fosse a pessoa mais feliz do mundo. Verdadeiramente, para mim, o que faço não parece muito um trabalho, é mais um privilégio.

Passaram-se três semanas e eu não tinha tido notícias de Jim. Eu estava um pouco decepcionada por não saber dele. Então recebi uma ligação de sua sobrinha. Cheia de emoção e entusiasmo, ela me disse: "A minha tia fica imaginando o que você fez com o meu tio. Jim se transformou num gatinho! Ele não se altera mais com nada que aconteça na padaria — não prague ja quando derramam a farinha ou estoura quando os pães não dão certo. Não reclama mais do trânsito nem esbraveja diante das notícias. Ele ficou muito mais doce e meigo. Minha tia me pediu para lhe

A Jornada

agradecer. Ela sente que finalmente está com o homem que sabia que existia quando se casou com ele 45 anos atrás."

Eu ri e lhe disse que estava muito contente com as novidades, além de falar a ela rapidamente sobre o privilégio que fora ter trabalhado com o seu tio. Fiquei esperando que ela mencionasse o resultado do MRI scan. A conversa estava claramente se encaminhando para o fim, e ela ainda não tinha tocado nesse assunto. Finalmente, quando íamos nos despedir, encontrei coragem para lhe perguntar: "E então, o que deu no exame de Jim?"

"Ah, sim. Eles não acharam nada. Tudo o que restou foi uma cicatriz da grossura de um fio de cabelo", ela respondeu.

"Que maravilha! E o que os médicos estão dizendo a respeito disso?"

"O hospital está parecendo um circo. Eles estão malucos tentando descobrir o que aconteceu. A metade do corpo médico acha que desde o começo foi feito um diagnóstico errado, e a outra metade está tentando atribuir o resultado à ação de um medicamento que ele tomou dois anos atrás. Estão tratando Jim como uma 'cobaia', fazendo todo o tipo de testes com ele. Ele é o primeiro caso registrado em que um câncer de pulmão realmente desapareceu."

"Como Jim está encarando isso?", perguntei-lhe.

"Você o conhece... Ele leva tudo com uma pitada de desconfiança e uma grande dose de humor..."

Uma semana mais tarde, recebi uma carta alegre e comovente de Suzy descrevendo em detalhes os progressos notáveis de Jim. Depois de ler a carta dela, pensei: "Sabe, todos passamos por nossas jornadas espirituais e de cura, cada um de um modo diferente. Este homem escolheu a radiação e a quimioterapia e felizmente tirou lições que sua alma queria que ele aprendesse. Ele precisava ficar livre dos 50 anos de raiva. Que lição para se aprender."

Pensamos: "É o trânsito que me deixa com raiva", ou "São as notícias que me deixam louco", ou "Se pelo menos fulano fizesse a coisa certa, eu não estouraria com ele." Achamos que o que provoca a nossa raiva seja algo exterior a nós, quando, na verdade, a raiva já está guardada lá dentro. Essas circunstâncias exteriores apenas pressionam o nosso botão e ativam a emoção que estava lá o tempo todo. O botão da raiva não é o único botão que temos. Toda uma variedade de emoções enterradas estão armazenadas dentro de nós e os fatos exteriores são apenas o gatilho que ativa o que já está lá.

Algumas vezes acho que as doenças podem se transformar nos nossos maiores dons. Para Jim, a dádiva de se libertar de 50 anos de ira foi o que finalmente lhe trouxe de volta o seu Eu verdadeiro.

No momento em que escrevo este livro, está fazendo dois anos que Jim passou pela terapia comigo. Os médicos ainda não conseguem explicar o milagroso desaparecimento do seu tumor. Suzy me ligou recentemente para dizer que ainda estão fazendo exames nele. Ouvi de uma fonte independente que o caso de Jim foi publicado agora em uma revista médica inglesa. O desaparecimento do tumor foi atribuído ao medicamento que ele tomou dois anos antes de fazer o processo de Jornada Física.

18

Um dos meus aspectos favoritos no trabalho A Jornada é a cura profunda e o perdão que acontecem *dentro* das famílias, depois que acaba o processo da Jornada.

O trabalho A Jornada *não* trata de descobrir lembranças para que possamos usá-las para justificar o nosso comportamento atual, ou para usá-las como munição para culpar aqueles que amamos. A finalidade da Jornada é *solucionar* os nossos problemas, *curar* a dor, *encerrar* histórias e *perdoar* aqueles que amamos, de modo que possamos continuar nossas vidas saudavelmente — livres da bagagem emocional do passado.

Há uma mulher cuja corajosa história resume a que profundidade pode chegar o perdão e o efeito poderoso que ele pode ter na cura de uma família inteira. Ronnie era uma mãe afetuosa, com 32 anos de idade, cuja história não é diferente da de muitas pessoas diagnosticadas como sofrendo de depressão profunda.

Adotada quando tinha dois anos e meio, ela sofreu repetidamente abusos físicos e sexuais por parte dos membros da família que a adotou e dos amigos deles durante a mais tenra infância. Como a maioria das crianças nessas circunstâncias, ela não tinha

136 A Jornada

condições emocionais para lidar com o trauma intolerável e o sofrimento causado por essa violência. A depressão se tornou uma coberta para abafar a dor.

Aos 11 anos ela já enfrentava o seu primeiro terapeuta. Aos 16, o seu sofrimento interior ainda não estava resolvido e era tão intolerável, que ela fez sua primeira tentativa de tirar a própria vida. Desde então, tinha entrado e saído de consultórios médicos, psiquiátricos e alas de psiquiatria de hospitais, com esgotamento, colapsos nervosos e crises de depressão. Já havia tomado todos os tipos de sedativos e antidepressivos, mas não havia quantidade de terapia ou de medicação que a livrasse do desespero.

Os seus três lindos filhos foram afastados e colocados em um lar adotivo, quando ela foi declarada emocionalmente desajustada para exercer o papel de mãe. Mesmo com doses maciças de pílulas para dormir, não conseguia passar por mais de duas horas de sono por noite. Sentia que estava sendo tragada por uma desesperança da qual não conseguiria escapar.

Ela me escreveu uma carta comovente me contando como recuperara a saúde desde o seu primeiro processo de Jornada. Disse que durante alguns dias não tinha observado uma grande melhora. Então, certa noite, decidiu que não precisava de Temazapam para dormir. E dormiu pesadamente durante oito horas. "Foi absolutamente maravilhoso. Não tive pesadelos, nada. Tive até vontade de sair correndo e gritando de alegria."

Ela começou a se ver de forma diferente. Começou a sorrir, coisa que não tinha feito por mais de dois anos. Procurou a mãe e teve uma longa conversa com ela. "Depois de tantos anos, foi maravilhoso poder abraçá-la e dizer-lhe que a amava e que realmente eu a perdoava por aquilo que tinha feito comigo."

Ronnie parou de tomar Prozac e não voltou a ele desde então, dizendo que sente novamente a vida em toda a sua totalidade. E, encerrando a carta, contou-me que finalmente recebera os filhos de volta. Todos eles freqüentaram juntos um retiro de A Jornada para crianças, e fora comovente vê-los reunidos, brincando tão naturalmente em um ambiente tão encantador.

Sean, seu filho, acabou sendo um dos "astros" do programa infantil, admirado tanto pelos adultos quanto pelas crianças. Ele e o irmão passaram por uma espécie de processo de cura muito eficiente e profundo semelhante ao de Ronnie e também se libertaram de anos de dor emocional.

Juntos, eles são um exemplo feliz de como mesmo circunstâncias familiares que aparentemente não apresentam nenhuma esperança podem ser curadas.

19

Para mim, um dos aspectos mais gratificantes do trabalho A Jornada é quando famílias inteiras passam pelo processo de cura. Desse modo, a cura se dá em todos os níveis enquanto a família cresce reunida. Parece não fazer diferença se alguém é muito velho ou muito jovem — a alma deseja nos libertar.

As crianças podem ser um exemplo marcante de abertura e disposição para a cura. Elas oferecem muito poucas barreiras e, assim, as transformações se dão muito facilmente. Adoro trabalhar com elas. Mostram-se excelentes professores. No retiro das crianças, a Jornada Júnior, há um supervisor-treinador para cada duas a três crianças, mas acho que muitas vezes são elas que ensinam os adultos como é *fácil* liberar e perdoar a dor do passado. Diferentemente de adultos que apresentam muita resistência, elas não fazem disso uma coisa tão complicada.

Trabalhei com crianças que, depois de terem completado o trabalho de Jornada, saem pulando pelo corredor, cantando, vão para o jardim, brincam alegremente, abraçam a vida sem olhar para trás nem por um momento, para permanecer ou chafurdar na dor passada.

A Jornada

Muitas vezes, as crianças pequenas chegam à Fonte espontaneamente, e assim o processo da Jornada ocorre com naturalidade — fica longe de ser um trabalho. Elas dão um jeito de fazê-lo de forma divertida e alegre. São rápidas no perdão e não têm suas identidades e egos presos à necessidade de serem coerentes com seus antigos padrões e hábitos limitadores. Vibram por estar livres e acreditam que vão se curar facilmente.

Normalmente, o processo favorito delas é a Jornada Física. Nele, elas seguem em uma imaginária nave espacial mágica, que as leva com segurança a qualquer parte do corpo que precise de cura. Ela pode ir a qualquer lugar — por dentro dos órgãos, veias, artérias, sangue, tecidos, ossos, e assim por diante —, qualquer lugar dentro do corpo. Assim que chegam a algum lugar, elas pegam grandes tochas e olham em torno. As crianças adoram essa parte e fazem descrições vívidas da parte interna dos órgãos. Fico admirada como as crianças pequenas muitas vezes descrevem com precisão determinado órgão, quase minuciosamente. Isso é extraordinário, considerando-se que nunca estudaram anatomia.

Levam com elas um herói ou guardião que as ajuda a descobrir as lembranças guardadas nas células. Logo que descobrem a lembrança, elas põem a cena toda numa tela de cinema e deixam que ela passe do começo ao fim. Convidam então as pessoas que fazem parte da lembrança a saírem da tela, irem até uma fogueira de acampamento e então recebem balões cheios de afirmações carregadas de energia e recursos que as teriam ajudado na ocasião em que se deu o fato lembrado.

Assim, a criança mais nova que passa pela lembrança traumática recebe um punhado de cordões onde estão atados balões cheios de recursos afirmativos — como coragem, força, habilidade de se comunicar e expressar seus sentimentos verdadeiros, honestidade, verdade, criatividade, despreocupação, senso de humor, confiança, autovalorização, compreensão, compaixão, ale-

140 A Jornada

gria, amor, capacidade de pedir ajuda às pessoas certas e uma "redoma de cristal" que as protege do comportamento prejudicial de outras pessoas, e assim por diante.

Então, equipadas com esse punhado enorme de balões de recursos internos, as crianças caminham de volta para a tela do cinema e rodam a cena *do modo que ela teria acontecido* se elas tivessem acesso a esses expedientes úteis naquela ocasião. A criança percebe como, concentrando suas melhores qualidades, a cena se desenrola com muito mais facilidade. Esse pequeno processo é verdadeiramente muito eficiente, já que a criança aprende que já tem internamente recursos valiosos aos quais podem recorrer numa circunstância parecida que venha a ocorrer no futuro.

Assim que a *nova* cena foi passada e elas experimentaram as afirmações novas e de reforço, todas as pessoas que fazem parte da lembrança são convidadas a descer da tela e ir até a fogueira do acampamento para uma conversa ao pé do fogo. As crianças finalmente têm a oportunidade de expressar o que realmente sentem naquele momento. Elas extraem isso do próprio peito e das células. E, como os adultos, passam então pelo trabalho do perdão, mas, em vez de usar a palavra perdão, nós o chamamos de processo "me desculpe — está tudo bem". Mesmo crianças muito novas parecem entender o seu sentido e oferecem muito pouca resistência para perdoar de verdade.

Depois que todo o processo é completado, elas pegam suas tochas imaginárias e olham em volta do órgão. É extraordinária a rapidez com que conseguem ver as células começando a mudar e como são coloridas as suas descrições.

Eu me lembro de um menino que tinha dor de garganta antes de começar a Jornada Física. Quando chegou à garganta com a nave espacial e pegou a tocha, a aparência em volta era áspera e granulosa. Em seu processo, ele descobriu a lembrança de umas férias que passara na Espanha com os pais. Ele se perdera e achara que os pais tinham se esquecido dele. Não sabia como pedir ajuda e estava se sentindo apavorado. Afinal os pais apareceram, mas ele nunca lhes disse como tinha ficado assustado. Durante a conversa ao pé do fogo, foi muito libertador para ele conseguir finalmente expressar para os pais como tinha se sentido mal. Ele realmente tirou todo o peso do peito.

Enquanto estavam em volta da fogueira, os pais lhe pediram desculpas, e ele acabou percebendo que eles nunca o tinham deixado de fato para trás; apenas tinham se afastado por alguns minutos. O processo "me desculpe — está tudo bem" foi doce e completo. No fim do processo de perdão, quando ele olhou em torno com sua grande tocha, descobriu que a garganta já não estava áspera e granulosa, mas rósea e macia. E quando a Jornada Física terminou, a dor de garganta tinha desaparecido completamente.

Não é interessante o fato de que, assim que ele conseguiu finalmente comunicar seus verdadeiros sentimentos falando em alto e bom som o que tinha sentido, a garganta parou de doer?

Uma outra criança pequena que estava no retiro infantil não tinha falado nenhuma palavra desde a morte do pai, muitos meses antes. Como o garotinho não conseguisse falar durante o processo de Jornada Física, Freya, a treinadora avançada que liderava o programa das crianças, pediu a ele que mostrasse por sinais o que estava acontecendo. Ele indicaria com as mãos em que lugar do corpo se encontrava e acenaria "sim" ou "não" para responder às perguntas que ela lhe fizesse. A perícia e a criatividade de Freya combinadas com o roteiro da Jornada Física, que se lê quase como se fosse um conto de fadas, permitiu que eles completassem com sucesso o processo.

Surpreendentemente, no final da sessão ele falou suas primeiras palavras em muitos meses. Ele explicou a Freya que a morte de seu pai tinha sido repentina e não pudera despedir-se dele.

142 A Jornada

Enquanto estavam juntos perto da fogueira, ele e o pai disseram um para o outro o que não tinham podido dizer naquela ocasião, e o menino finalmente "completou" sua história com seu pai. O pai lhe assegurou que estaria sempre ao seu lado, cuidando dele, e que seu amor estaria sempre presente no coração do filho. Desde o seu processo, o garoto tem falado fluentemente e está conseguindo viver de um modo mais saudável.

Um outro menino chegou muito relutantemente ao retiro das crianças. A mãe dele é uma de nossas assistentes, e ele sentia que ela o tinha "carregado" para lá. Ele tivera problemas de dislexia e não estava indo bem na escola; a mãe, Jenny, nos contou que os professores a tinham chamado para dizer que Nathan muito provavelmente não passaria de ano. Ela ficara arrasada e trouxera o filho naquele fim de semana para ver se seria possível ajudá-lo de algum jeito.

No começo ele resistiu, mas logo passou a ser um modelo positivo para as crianças mais jovens. Ele se tornou um mentor — a figura de um irmão mais velho — para uma das meninas de cinco anos, e eles estabeleceram uma amizade especial que despertou a autoconfiança em Nathan.

Na semana seguinte, na escola, para grande surpresa de seus professores, ele acabou passando nos exames com notas excelentes. A mãe ficou ainda mais surpresa quando, no fim de semana seguinte, o nível de habilidade e confiança dele no jogo de tênis aumentou notavelmente. O mais surpreendente de tudo é que, mesmo tendo sido sempre muito baixo para sua idade, de repente ele teve um estirão de crescimento. Jenny observou que a mudança em Nathan foi tão grande que ela não conseguia acreditar no quanto ele parecia seguro de si.

Brett, o pai de um dos que passaram pela Jornada Júnior, escreveu essa belíssima carta sobre o filho:

... Eu gostaria de lhe dar algumas informações sobre o meu filho, Richard. Eu o levei ao fim de semana das crianças em novembro. O problema que eu esperava que viesse à superfície era a sua falta de autoconfiança.

Quarta-feira passada, Mary e eu fomos à primeira reunião de Pais e Mestres da sua nova escola. Sem exceção, os professores comentaram, sem hesitar, que perceberam uma grande melhora em sua autoconfiança. E isso, por sua vez, estava tendo um efeito positivo em seu desempenho.

Quando chegamos em casa e falamos sobre isso com Richard, a sua reação imediata foi: "Isso aconteceu por causa do fim de semana de Brandon."

As histórias dos retiros das crianças são tão variadas e miraculosas quanto elas próprias. Eu costumo carregar as crianças para o Retiro de Manifestação de Abundância dos adultos, que acontece simultaneamente ao delas, assim os adultos podem aprender com as crianças o quanto pode ser fácil e divertida a transformação. As crianças cantam para os adultos uma canção inspiradora com seus próprios versos sobre liberdade, amor e perdão, e contam para nós as histórias bem-sucedidas dos seus processos.

Fico sempre comovida com seus trabalhos artísticos. Elas desenham antes de trabalhar o processo e desenham depois dele. O contraste é impressionante. Normalmente, os desenhos de "antes" são muito tristes e gelados, e as cores usadas são tons de preto, vermelho e azul-escuro. As carinhas dos desenhos muitas vezes têm lágrimas escorrendo pelas faces. Os desenhos de "depois" normalmente são feitos em cores solares brilhantes — amarelo, rosa e laranja — e quase sempre apresentam carinhas sorridentes, grandes sóis e flores multicoloridas. Todos os que estão retratados nos desenhos ostentam grandes sorrisos. Realmente é um contraste e tanto!

144 A Jornada

Durante o fim de semana as crianças descobrem que qualidades interiores *elas* têm que são iguais às qualidades de um herói, e têm a oportunidade de exercer essas qualidades com as outras crianças. Elas recebem balões de verdade com qualidades de reforço escritas neles, como coragem, amor, gentileza, honestidade, bondade, alegria, perdão, etc., e então passam por diversos processos interativos de montagem de equipe quando têm a oportunidade de demonstrar essas qualidades heróicas.

Eu adoro ver esses "jovens e bravos heróis" saindo para o mundo pensando que realmente é "legal" ser bom, ou "super" ser cuidadoso, ou "demais" ser generoso. As minhas preces para as crianças é que elas vivam como a verdadeira expressão da sua própria essência — assim elas não precisarão criar a bagagem emocional limitadora que leva a tantos bloqueios físicos e padrões de doenças comuns aos adultos.

A minha crença é que se você vive a verdadeira expressão do seu Eu, da sua alma, você não precisa ser co-criador de doenças. Eu realmente sinto que essas crianças tiveram um começo saudável na formação de suas cabeças e faço minhas preces para que elas captem o trabalho e continuem a usá-lo. A verdade é que todos nós internamente somos crianças. Não seria maravilhoso se pudéssemos seguir o exemplo delas e confiar que se libertar pode ser fácil e divertido?

Se em seu coração você se sente motivado a trabalhar com seu filho, há instruções especiais para o trabalho com crianças no final do livro.

20

Em diversas cidades eu incentivei aqueles que se graduaram no processo a formar grupos de apoio que se reunissem uma vez por mês. Essas reuniões têm sido muito freqüentadas e são uma forma de apoio para continuar a se libertar de véus emocionais que parecem encobrir nossos "diamantes". É muito bom trabalhar com as pessoas que têm as mesmas habilidades e que desejam nos ver do jeito que *realmente* somos.

Alguma vez você já passou pela experiência de sentir que cresceu como pessoa, então volta para visitar os parentes que o tratam como você *costumava* ser? Mesmo que você sinta como se tivesse progredido, eles parecem não ver que você mudou. Não interessa o quanto você se esforce para se comunicar da sua nova perspectiva, eles continuam a vê-lo do modo antigo.

Nessas reuniões, eu vi como era liberador o fato de que todos queriam tratar uns aos outros de uma forma renovada, com novos olhos. Sabemos que todos estão evoluindo e nos recusamos a ficar presos às impressões passadas. Fazemos continuamente a pergunta: "Quem está se mostrando, neste momento?" E eu sempre

146 A Jornada

pergunto àqueles que se graduaram: "O que você acha melhor: sentar-se à toa e assistir à televisão, ou sentar-se com outras pessoas e passar algumas poucas horas liberando-se emocionalmente?" Isso pode realmente ser fácil assim.

Há pouco tempo fui a um encontro de graduados em Manchester, e Anita, uma senhora na casa dos 50, começou a falar a fim de contar a sua história. Ela participara de um *workshop* A Jornada num fim de semana em Newcastle-under-Lyme havia três semanas e verdadeiramente não esperava um resultado físico. Ela tinha uma dor crônica no joelho fazia anos, e a dor piorara tanto que era difícil para abaixar-se ou mesmo caminhar até o carro. Ela disse: "Pensei comigo mesma que Brandon podia ter conseguido curar a si mesma, mas não seria capaz de fazer isso comigo. Tudo o que eu pretendia era a liberação emocional." Mas, apesar de tudo, ela perseverou e fez duas Jornadas Físicas.

Com um grande sorriso no rosto, ela disse: "Honestamente, eu não esperava um outro tipo de resultado e na verdade não notei nenhuma diferença depois que passei pelo processo. Só ontem percebi o que tinha acontecido — eu estava de cócoras no meu jardim, arrancando o mato. Eu não conseguia nem me ajoelhar antes, quanto mais ficar agachada. Eu não tinha percebido que o meu joelho tinha ficado bom — parecia tão natural estar agachada novamente, que eu nem tinha pensado nisso."

Tinham-se passado apenas três semanas desde que ela tinha concluído seu processo. Mais tarde ela me mandou a seguinte carta:

Querida Brandon,

Em 1991, eu estava caminhando sobre uma grossa camada de neve na Áustria, quando machuquei o joelho esquerdo, o que deixou o meu andar difícil e doloroso. Mesmo depois da fisioterapia ele nunca se recuperou completamente, e a cada ano eu precisei

A Jornada   147

desistir de alguma atividade que eu gostava — primeiro, meu grupo de dança, depois a caminhada pelas montanhas.

Este ano a piora foi tão grande, que procurei uma médica. Ela somente atestou que eu estava com artrite no joelho e que não havia nada a fazer quanto a isso. Ela me mandou novamente para mais sessões de fisioterapia, mas a cada exercício que eles me davam o joelho inflamava mais. Não podia dobrá-lo sem dor. Não conseguia agüentar nem o peso das cobertas sobre ele.

Durante o *workshop A Jornada* eu tinha tanta certeza de que não tinha feito o processo corretamente que depois não fiquei prestando atenção para observar alguma mudança que pudesse ter ocorrido. Então, de repente, um dia percebi que tinha ficado agachada por 30 minutos para fazer um trabalho, colocando uma enorme pressão sobre o joelho — **sem dor**.

Poucos dias depois, caminhei uns 800 metros morro abaixo, rapidamente, e só percebi que nem tinha pensado em caminhar devagar e com cuidado quando já estava lá embaixo.

É maravilhoso poder dançar e caminhar até a vila, e duas semanas atrás fiz uma caminhada em que tinha de descer 80 degraus morro abaixo — e deu tudo certo! Que delícia!

A cura física é, evidentemente, maravilhosa, mas ainda mais importante é o conhecimento de que posso exercer influência sobre todas as células do meu corpo.

Depois de ouvir a história de Anita na reunião, uma outra pessoa se levantou. Bill disse que tinha passado pela Jornada um ano antes e tinha chegado lá com depressão crônica. Depois do fim de semana, ele estava convencido de que todos tinham passado por uma grande ruptura, menos ele.

Ele se esqueceu do processo e tocou a sua vida, só caindo em si *muitos meses depois* ao perceber que não sofria mais de depressão. Explicou que o único motivo que o levara àquele encontro era que desejava agradecer-me pessoalmente por alguma coisa que "de certa forma ele tinha achado natural".

Isso é verdade — quando ficamos no nosso estado normal, ele parece tão natural que até nos esquecemos de que algum dia ele foi diferente.

21

Recentemente passei por uma experiência semelhante. Como os meus graduados, eu também continuo a fazer o meu trabalho A Jornada quando surge um problema físico ou emocional. Algum tempo atrás, notei que a minha visão estava ficando nublada. Eu sempre tive uma visão perfeita, mas quando estava guiando o meu carro percebi que estava ligeiramente enjoada. Enxerguei uma placa de sinalização a uma distância em que eu normalmente seria capaz de ler sem problema, mas ela parecia embaralhada e fora de foco. Eu atribuí isso ao fato de estar um pouco cansada e não pensei muito mais naquilo até o dia seguinte, quando aconteceu de novo. Depois de uma semana com a visão enevoada, decidi que seria melhor fazer uma Jornada Física e descobrir qual era o problema. Estando já com 43 anos nessa ocasião, sabia que a maioria das pessoas diria que essa era a idade "normal" em que a vista começa a deteriorar, mas pensei: "Este *não* é o meu modo de pensar. Não creio que seja uma coisa da idade. Deve haver alguma coisa que não estou querendo enxergar."

150 A Jornada

Quando fiz minha Jornada por dentro do meu corpo, surpreendentemente não fui para onde eu achei que iria. Eu presumira que acabaria dentro dos meus olhos e descobriria o problema ali. Em vez disso, quando entrei em minha nave espacial, a infinita inteligência me levou até o meu útero. Embora isso não fizesse o menor sentido, eu aprendera por experiências anteriores que a sabedoria do corpo *sabe* onde *ela* quer ir e nunca soube que ela tenha errado. Assim decidi confiar nela.

No meu útero descobri uma antiga lembrança que tinha me incomodado durante anos. Todas as vezes que tentava me lembrar desse fato, eu não conseguia — a minha mente ficava em branco. Meu pai se suicidou quando eu tinha 19 anos e me senti totalmente arrasada com a morte dele. Naquela ocasião, eu com certeza parecia exteriormente centrada, forte e corajosa. Eu me concentrei em ajudar minha família na condução do funeral. Mas internamente eu me sentia confusa e incompreendida — incapaz de me deixar sentir ou expressar a dor que estava sentindo. Tenho ouvido desde então que muitas vezes quando uma pessoa comete suicídio, os familiares mais próximos de alguma forma se sentem responsáveis. Assim, misturado à névoa que mal cobria o desespero e o luto havia um profundo sentimento de culpa — como se eu pudesse tê-lo salvo de alguma maneira.

Depois do enterro voltei para a universidade e sentia como se estivesse vivendo num mundo irreal. Eu estava começando um período escolar e tinha chegado a aquele novo, estranho e solitário lugar apenas duas semanas antes de meu pai acabar com a própria vida. Sentia-me só, desolada, abandonada e fria, sem um único amigo a quem procurar.

A lembrança que eu descobri começava em uma noite de outono sombria, amargamente fria na parte setentrional do Estado de Nova York. Resolvi ir a um encontro com um rapaz que eu mal conhecia — apenas para me distrair e esquecer um pouco a minha dor. Não contei a ele o que tinha acontecido com meu pai e assumi uma expressão falsa, exuberante, tentando parecer madura e "ligada". Fomos a um bar e bebemos alguns coquetéis. Eu não estava nem um pouco acostumada a beber e logo fiquei bêbada. Diferentemente da minha maneira de ser costumeira, naquela noite eu estava com uma atitude imprudente, arrojada e irresponsável. Pensei: "Que importância tem, afinal? Nada mais faz sentido. É tudo inútil." Bebi muito, sem me preocupar.

No caminho de volta para os dormitórios paramos numa loja de bebidas e compramos uma garrafa de gim. Quando voltamos para o dormitório masculino eu bebi três quartos da garrafa sozinha. Devo ter perdido os sentidos, porque nunca fui capaz de me lembrar do que aconteceu depois disso.

Dois dias depois eu me vi andando entre as árvores perto do campus. Estava gelada, dormente, vestida com a mesma roupa que eu usava desde aquela noite e me sentindo emocionalmente arruinada, esgotada e desorientada. Senti um profundo desgosto com relação a mim mesma combinado com um sentimento de "não ligo para nada mesmo". Eu não sabia como tinha chegado até o bosque. Lacrimejante, eu achei o caminho para o meu departamento na universidade; lá eu descobri avisos espalhados em todos os murais. Aparentemente, estavam me procurando havia dois dias e meio. Eu tinha perdido dois dias da minha vida e nunca conseguira me lembrar deles — até esse processo de Jornada Física.

Acho que a lembrança daqueles dois dias era muito dolorosa para "ser vista" e que tinha sido mais fácil para a minha mente "outra que não a consciente" apenas bloqueá-la. Mas acho que, aos 43 anos, a minha alma sentiu que era hora de finalmente encarar o que ocorrera e ver o que realmente tinha acontecido durante aqueles dois dias. Durante a minha Jornada Física comecei a ver *flashes* e breves cenas do que acontecera naquela ocasião.

152 A Jornada

Não era nada bonito.

Pude entender por que eu tinha inconscientemente me protegido disso durante todos aqueles anos. Mas *finalmente* encarei aquilo e fui adiante passando para um trabalho de aprofundamento e um trabalho extensivo de perdão. Nesse caso, mais do que qualquer coisa, era a *mim* que eu tinha de perdoar por ter me tratado de forma tão descuidada, perigosa e insensível. E também por me punir por uma culpa que eu não podia me imputar. Tive sorte por ter sobrevivido àquela quantidade toda de álcool. Mas, uma vez mais, talvez essa fosse a idéia.

Quando a Jornada Física acabou eu esperava que houvesse uma melhora imediata na minha vista. Afinal, eu tinha "olhado para" alguma coisa que durante todos aqueles anos tinha sido incapaz de encarar. Depois de três dias ainda não houvera nenhuma mudança. Os meus olhos ainda estavam enevoados e eu ainda sentia enjôo no carro.

"Humm", pensei. "Que estranho. As células do olho só levam 48 horas para se regenerar. Talvez a inteligência infinita estivesse errada dessa vez — talvez eu devesse ter ido para os olhos em vez do útero." Esqueci do processo e toquei minha vida. Fiz uma promessa a mim mesma de que da próxima vez que fizesse a Jornada Física eu escolheria especificamente ir para os meus olhos.

Três semanas depois cheguei tarde em casa. As luzes do jardim não estavam acesas e percebi de repente que a minha visão estava tão clara, que eu podia enxergar como um animal. Eu estava entusiasticamente, agudamente consciente de que era capaz de ver com toda a nitidez no escuro. Conseguia ver as nervuras da grama e das folhas — minha visão noturna estava mais aguçada do que jamais fora.

No dia seguinte, percebi que o enjôo tinha passado. A minha visão tinha tornado a ficar clara — tinha voltado sem que eu percebesse. Era tão natural que eu não tinha nem mesmo pensado nisso. Eu era como Anita e Bill, que não tinham percebido o próprio progresso até o fato se consumar.

Acho que o trabalho A Jornada muitas vezes é assim. Quando estamos curados fica difícil conceber que estávamos anteriormente numa condição que não era saudável, nem normal, nem natural. Descobri que é preciso lembrar às pessoas que fazem o trabalho da Jornada para que registrem e avaliem o que obtiveram. Na nossa neurologia, o sucesso reproduz o sucesso. E assim, olhar para trás, de onde nós viemos, e registrar o que obtivemos é uma parte importante para reforçar a saúde.

Já percebi que às vezes pode levar algum tempo antes que a cura se complete quando se passa pelo processo do trabalho A Jornada. Em cada processo, depende da inteligência interior conduzir cada um de nós, exclusivamente, a um ritmo que seja natural. Muitas vezes pode parecer como apertar um botão para desligar, e o antigo padrão desaparece por completo, imediatamente. Mas, outras vezes, pode parecer mais com um ventilador. Você alguma vez observou que depois de desligar o ventilador ele leva algum tempo enquanto vai diminuindo a velocidade até parar completamente? Com o processo da Jornada, às vezes é isso que acontece. Cada experiência é única para cada problema em particular. Não há um tempo "certo" para a cura.

Assim, *você* gostaria de passar pelo mesmo processo da Jornada Física que é usado em meus seminários? Repito mais uma vez, peça a um amigo em quem confie — de preferência um que tenha lido este livro — para reservar duas horas para trabalhar com você. Ou, se não tiver ninguém que possa fazer isso, você pode usar o programa de fitas de A Jornada. Assegure-se de que o tempo reservado para isso será tranqüilo e não sofrerá qualquer tipo de interrupção, seja por barulho ou distração de qualquer espécie.

154 A Jornada

Se quiser, pode ler o roteiro diversas vezes apenas para se familiarizar com ele. Então, quando estiver pronto, pode começar. É bom tratar o roteiro como uma aventura interior — com a abertura de uma criança. Você pode consultar a seção "Ferramentas" na parte final do livro para conhecer o processo completo da Jornada Física. É muito importante ler todas as instruções antes de começar.

22

Agora que você já teve a oportunidade de conhecer tanto a Jornada Emocional quanto a Jornada Física, vai gostar de saber sobre alguns "efeitos colaterais" positivos e inesperados provocados pelo trabalho A Jornada.

Com muita freqüência, as pessoas têm uma experiência tão profunda com a Fonte que elas descobrem que muitos velhos hábitos e crenças limitadoras desaparecem espontaneamente sem que tenham conscientemente trabalhado para isso. Quanto mais entram em contato com seu verdadeiro eu, mais os padrões antigos e destrutivos se tornam obsoletos e antinaturais. Recentemente eu ouvi relatos desse fenômeno por parte de muitos graduados nos *workshops*.

Noreen é uma irlandesa de 50 anos, expansiva e afetuosa, que se considera muito abençoada por ser a babá das crianças de dois graduados na Jornada. Aconteceu por acaso (ou talvez por obra do destino) que Noreen tenha sido solicitada para tomar conta das crianças enquanto os pais, Jerry e Cathy, estivessem no Retiro da Abundância — um retiro que nos liberta de nossos mecanismos ocultos que nos limitam e nos impedem inconscientemente de alcançar a abundância em nossa vida.

Noreen ficava sentada do lado de fora do salão onde se dava o seminário, pacientemente esperando Cathy sair durante os intervalos para amamentar seu filho. Logo, todos os que saíam do salão passaram a se sentar e conversar, encantados pela simpatia e pelo charme irlandês de Noreen. Ela, por sua vez, começou a perceber que havia alguma coisa "especial" com relação às pessoas que estavam participando do seminário — a presença de amor que parecia emanar delas quando conversavam. Noreen percebeu uma certa centelha — um "lampejo" nos olhos dessas pessoas. Ela sentiu que precisava ter um pouco do que quer que fosse que estava sentindo na companhia daquelas pessoas e decidiu ali, naquele momento, que *tinha* de participar de um seminário de fim de semana da Jornada.

Noreen sofria de uma dor nas costas forte e crônica havia anos e estava interessada na possibilidade de se curar, mas o que pesava mais em sua decisão era a *sede* real que tinha de descobrir que "energia" era aquela que sentia sempre que encontrava alguém do seminário que "despertara" para o seu verdadeiro eu.

Noreen deu um jeito de ir ao *workshop* seguinte. Ela passou por um grande processo de Jornada Emocional e, quando atravessou as camadas e chegou na experiência da sua própria alma, da sua Fonte, a experiência foi tão poderosa que tomou a decisão de honrá-la a qualquer custo.

Noreen sentiu que tinha passado a vida inteira procurando pela grandeza interior — procurando por esse amor que está no centro de todos nós. Quando experimentou a beleza em seu próprio coração, fez um juramento de ser fiel a ela, ser fiel ao diamante que tinha desenterrado. Ela não queria fazer nada que pudesse encobrir, manchar ou esconder esse brilho imenso; ela

A Jornada 157

queria apenas ficar na presença dele — para permanecer em sua simplicidade e em sua pureza e não deixá-lo.

Noreen sempre gostara de beber. Esse hábito parecia fazer parte de sua herança irlandesa. Ela ia muitas vezes aos bares à noite, divertindo-se com as amigas, fumando e bebendo, muitas vezes até as primeiras horas da manhã. Ela me disse que realmente nunca conhecera outro tipo de vida: "É o que as pessoas fazem, não é? Chegam do trabalho, comem alguma coisa e então saem e vão ao bar para passar a noite divertindo-se com os amigos."

Depois de passar pela Jornada, ela se sentiu tão completa e em paz interiormente — tão contente — que descobriu que não precisava ficar constantemente em atividade ou na companhia dos outros para se sentir plena. A alegria estava presente o tempo todo, quer estivesse trabalhando ou brincando. Sentiu-se tão em paz consigo mesma que não se viu mais obrigada a varar a noite, mas começou a divertir-se em sua própria companhia.

Depois de algum tempo, ela disse que os bares começaram a parecer muito cheios de fumaça e escuros, e todo o interesse que tinha em freqüentá-los desapareceu. Inesperadamente ela descobriu que estava com aversão a cigarros — eles a faziam se sentir suja e ganharam um gosto de serragem — e surpreendentemente também não sentia mais necessidade de beber — a bebida começou a ter gosto de urina. Ela sempre achara fumar e beber relaxante, mas agora ela se sentia *naturalmente* relaxada e não tinha necessidade de cigarros e de bebida. Para sua surpresa, começou a ansiar por alimentos mais vitais — desejando comer mais saudavelmente. Quando tentava comer carne, ela descobriu que não conseguia engoli-la, e a essa altura tornou-se vegetariana.

Tudo isso e *sem esforço* para chegar até aí. Todos os velhos hábitos desapareceram espontaneamente assim que ela reconheceu que era *ela* o que tinha estado procurando. Quando se sentiu verdadeiramente plena e em paz, ela não quis ou não precisou mais

158   A Jornada

de seus hábitos destrutivos que tinham sido sempre um meio para preencher o vazio interior.

Ela disse que sentia que tinha encontrado uma luz dentro de si e que desejava honrá-la e protegê-la e que verdadeiramente entendia o que as pessoas querem dizer quando declaram que o corpo é o templo da alma. Que o fato de o caroço em seu seio e a dor nas costas forte e crônica terem sumido lhe parecia quase um acontecimento incidental comparado com sua realização maior. Ela tinha descoberto um diamante precioso que não desejava mais esconder. Noreen atualmente passa seu tempo livre ajudando nos *workshops* de fim de semana de A Jornada — sentindo que uma das maiores alegrias de sua vida é ajudar os outros a despertar para a grande paz que existe dentro de cada um.

Suzy foi outra graduada que, rindo, me disse: "Brandon, eu sempre pensei que aquelas pessoas saudáveis eram tão aborrecidas — você sabe como é o tipo, elas bebem água mineral, comem comida de coelho, exercitam-se, não fumam, nem bebem bebida alcoólica. Eu sempre pensei: 'Essas pessoas são tão certinhas, não quero ser como elas.' Agora olhe para mim, eu me tornei uma delas! Não sei o que aconteceu comigo, mas desde que passei pelo Retiro do Não-Ego (um retiro residencial de nível avançado), realmente senti, pela primeira vez em minha vida, que eu queria cuidar do meu corpo. Atualmente me preocupo comigo e quero tomar conta de mim do mesmo modo que naturalmente cuidaria de alguém que eu amasse."

Quando ela disse essas palavras, eu sorri, olhando dentro de seus olhos vibrantes, mais uma vez admirada pela forma como a alma quer cooperar conosco em nossa experiência de liberdade — ela realmente quer o melhor para nós.

Uma vez tendo experimentado sua própria luz interior, você começa a nutri-la e fica desejando cada vez menos fazer qualquer coisa que a possa encobrir ou obscurecer. Queremos cada vez menos colocar uma cúpula sobre a nossa luz. Marianne Willianson escreveu eloqüentemente sobre isso em seu livro *A Return to Love*:

O nosso mais profundo medo não é de que sejamos inadequados. O nosso medo mais profundo é que sejamos poderosos além da medida. É a nossa luz, não a nossa escuridão o que mais nos assusta. Perguntamos a nós mesmos: "Quem sou eu para ser brilhante, deslumbrante, talentoso, fabuloso?" Na verdade, quem você é para não ser?

Você é um filho de Deus. Sua atuação medíocre não serve o mundo. Não contribui para nada você se encolher tanto que as pessoas se sintam inseguras ao seu lado. Você é feito para brilhar, como as crianças. Nascemos para manifestar a glória de Deus que está dentro de nós. Não apenas em alguns de nós: está em todos. E quando deixamos a nossa própria luz brilhar, inconscientemente estamos dando permissão aos outros para que façam o mesmo. Quando ficamos livres do nosso próprio medo, a nossa presença automaticamente libera as outras pessoas.

23

Não é apenas sobre a nossa própria luz que colocamos a cúpula. Muitas vezes tentamos encobrir e obscurecer as nossas emoções também. Descobri que isso é particularmente verdadeiro com relação aos vícios. Vícios podem ser freqüentemente um meio de tirar nossa atenção ou encobrir um problema emocional profundo que não nos sentimos em condições de lidar ou mesmo de enfrentar.

Na nossa cultura, muitas vezes somos ensinados a tratar do COMPORTAMENTO SUPERFICIAL de um vício (comer exageradamente, alcoolizar-se ou drogar-se, comprar compulsivamente, roubar ou jogar, etc.), e não pensamos em olhar o CERNE DO PROBLEMA, que é antes de tudo a *causa* do problema.

Por exemplo, podemos estar conscientes de que enfrentamos um desafio com relação ao nosso peso e então resolvemos tratar isso modificando a nossa alimentação, fazendo jejum, ou mudando o nosso programa de exercícios. Nós nos voltamos para o *comportamento*, mas não pensamos em perguntar: "Tudo bem, mas, para começar, *por que* eu estou comendo demais?"

A Jornada   161

Tantas vezes somos bem-sucedidos com um novo regime por um curto espaço de tempo e então, vagarosamente, voltamos a agir como antes e o nosso peso sobe outra vez. Por quê? Porque nunca descobrimos o que estava nos *levando* a comer demais. A origem emocional está ainda escondida dentro do corpo, sem tratamento.

Muitas vezes, nos seminários de A Jornada, alguém levanta a mão e diz: "Não tenho problemas emocionais, o meu problema é que não consigo deixar de comer demais ou 'petiscar'." Toda vez que alguém diz isso fico imaginando qual é o sentimento que essa pessoa está tentando abafar e adormecer *antes* mesmo de ter dado uma oportunidade para que ele realmente se mostre.

Muitas vezes ouvimos a expressão "alimento que consola". Mas qual é o sentimento ou problema que desperta a necessidade de consolo? A comida amortece a nossa capacidade de sentir. Quantos de nós conseguem dizer honestamente que comem somente porque o corpo está com fome e precisa de nutrição?

Assim, no salão do seminário, muitas vezes eu convido todos a fazerem esta experiência. Fechem os olhos ... Agora imaginem uma ocasião recente em que vocês procuraram por aquele lanchinho ... Uma ocasião específica ... Assim que se lembrarem, voltem a fita alguns segundos, até o exato instante em que surgiu o impulso de ir atrás de alguma coisa para comer ... (eu espero até que eles o localizem) ... Agora voltem uns poucos segundos *antes que o impulso tenha surgido* ... Imediatamente antes vai estar a decisão de agir para conseguir ou comer a comida, o que vocês *realmente* estão sentindo... Disponham-se a sentir o que realmente está lá.

Inevitavelmente, uma expressão de surpresa passa pelo rosto de todos quando eles descobrem o que realmente estavam sentindo *antes* de surgir o impulso, *antes* que eles tivessem fugido do sentimento, abafando-o. Freqüentemente é um sentimento de profundo vazio, solidão, desespero ou uma ansiedade esmagadora. Normalmente é uma emoção muito *forte e profunda*. Tão logo sentimos o "cheiro" desse sentimento, corremos para pegar uma comida a fim de evitá-lo, fugir dele e adormecê-lo novamente.

No trabalho A Jornada eu sempre digo: "Desperte." Assim que você tiver identificado o problema emocional que está tentando não sentir, então terá os instrumentos para finalmente lidar com ele no processo de Jornada Emocional! Mas se estiver muito ocupado abafando-o, como vai conseguir descobrir a causa dele e resolvê-lo?

Num *workshop* recente em Londres, uma mulher com uns 30 anos de idade que sofria exatamente desse problema levantou a mão. Ela estava claramente muito acima do peso e disse que vinha lutando com regimes a vida inteira. Desejava realmente acabar com aquilo. Quando lhe pedi para fazer o processo, ela descobriu um sentimento profundo de vergonha misturada com medo. Abriu os olhos completamente espantada e disse que não tinha a menor *idéia* de onde isso poderia ter vindo. Conscientemente, não percebia nada que lhe causasse vergonha e medo. Ela realmente ficou confusa. Eu lhe disse para que confiasse que aquele sentimento estava lá por algum motivo e que ela o usasse como ponto de partida quando fosse passar pelo processo da Jornada Emocional, mais tarde, naquele mesmo dia.

Quando ela estava passando pelo processo, tive a impressão de que ela tinha descoberto alguma coisa muito perturbadora. E, no fim do processo, pude perceber visivelmente o enorme alívio que se espalhou pelo seu corpo. Como o processo de todos é sempre mantido na privacidade, não lhe perguntei o que tinha se passado, mas podia garantir que tinha sido alguma coisa grande.

Um mês depois, ela foi à nossa reunião mensal de graduados muito mais magra. Havia perdido 13 quilos! Com muito entusiasmo, ela foi a primeira a levantar a mão para contar a sua bem-sucedida história. Disse que, anteriormente, nunca tinha

A Jornada 163

conseguido se lembrar de nada antes da idade de 10 anos — que de alguma forma aquele era um período em branco em sua memória. Durante o processo da Jornada Emocional, ela finalmente conseguira chegar à lembrança do começo de sua infância, o que antes não era capaz de fazer. Era um problema de abuso sexual infantil, que fora muito traumático, e ela imaginava que o havia bloqueado inconscientemente.

No processo da fogueira do acampamento, não só ela finalmente tinha chegado ao problema como o tinha *resolvido* completamente. Embora jamais fosse tolerar ou perdoar o *comportamento* do homem envolvido, ela disse que tinha perdoado de todo o coração a sua *alma* e que se sentia livre e aliviada desde então. Até as últimas notícias que tive, ela continuava a perder peso.

Um outro homem que estava na Jornada tinha problemas com a bebida. Ele disse que não podia se considerar um alcoólatra, mas era seu hábito beber de duas a quatro canecas de cerveja toda noite. Quando passou por seu processo de descobrimento, ele abriu os olhos e disse mansamente: "Eu tenho medo de fracassar. Percebo agora todo o meu padrão. Esse medo surge quando eu me sento em casa e começo a relaxar, então, embora a minha mente me diga que eu não devo, eu digo: 'Ora, vou beber só uma cerveja'. E acabo tomando umas três ou quatro canecas. É claro, na manhã seguinte, acordo com ressaca, acabado, vou para o trabalho e o meu desempenho não é dos melhores. Eu realmente 'fracasso' por não conseguir atingir os resultados que quero. Então, o que é que eu faço? Sentindo-me mal por ter fracassado, volto para casa à noite e bebo até entorpecer o meu medo. E assim o ciclo continua."

Em seu processo ele descobriu lembranças da infância de seu pai dizendo que ele nunca chegaria a ser alguma coisa — que ele sempre seria um fracassado. Tinha sido uma batalha desde aquela época. Da próxima vez em que eu o vi, a sua barriga de cerveja tinha sumido e ele estava radiante. Ele parou de beber e de fumar e conseguiu arranjar um emprego melhor.

Essas são apenas duas entre milhares de pessoas que se libertaram de seus vícios ao tratarem a causa emocional, em vez de irem atrás apenas dos sintomas. O processo de Jornada Emocional foi sua chave para a liberdade. Eles descobriram com sucesso a liberdade e a inteireza já presentes dentro de nós mesmos.

24

Parece que não importa o quanto somos jovens ou velhos. De certo modo todos nós sentimos que há alguma coisa grande e livre dentro de nós. Temos o conhecimento de que somos suscetíveis à grandeza e, secretamente, ansiamos por tocar o nosso verdadeiro potencial e deixar que ele se expresse inteiramente.

Noreen estava sentada à mesa com um monge católico aposentado, um irlandês de 87 anos, tomando chá e conversando. Ele explicava para ela que, como estava ficando velho, descobrira como era bom ficar sentado em silêncio na parte de trás da igreja local — sentia muita paz e um grande contentamento ali. Entretanto, alguma coisa o estava incomodando ultimamente. Nas últimas semanas, quando o contentamento surgia, ele sentia um medo emergindo ao mesmo tempo. Ele admitiu para Noreen que isso estava fazendo com que relutasse na hora de ir à igreja para sua meditação diária.

Noreen lhe perguntou: "Do que é que você está com medo, Arthur?"

Ele ficou vermelho e respondeu num sussurro entrecortado: "De morrer ... eu acho." E a voz dele se extinguiu.

Delicadamente, Noreen lhe disse: "Venha comigo até a sala de visitas, Arthur. Deixe-me fazer um pequeno processo com você."

O velho padre seguiu Noreen em silêncio e se acomodou em uma espreguiçadeira. Suavemente, Noreen o guiou através das camadas emocionais. Quando ele passou do buraco negro para a "paz", as lágrimas encheram-lhe os olhos e escorreram lentamente pelas faces. Ele abriu os olhos e murmurou suavemente: "Por que eles não ensinam isso nas igrejas? Todos esses anos, e eu nunca *soube*."

Não importa a nossa idade, todos nós ansiamos por lembrar quem somos na realidade. Todos desejamos finalmente voltar para "casa". Atravessar as camadas não é o único caminho para chegar a experimentar diretamente a paz e a liberdade que constituem a nossa Fonte. Há muitos outros meios que podem ocorrer em cada momento da sua vida.

Minha experiência é que, uma vez que você tenha chegado a despertar completamente para o que você é, a Fonte não vai mais deixar de importuná-lo. Ela simplesmente não vai deixá-lo em paz! Uma vez que tenha cumprido a sua jornada para o seu lar, ele vai ficar acenando para você muitas e muitas vezes. A verdade o chama continuamente para dentro de si, até que finalmente você fica tão apaixonado que passa a não querer fazer mais nada que possa afastá-lo dela.

No segundo dia do *workshop* A Jornada, depois de todos já terem passado pela experiência direta de cair atravessando as camadas e chegando à Fonte, começamos a explorar meios mais diretos e instantâneos de atingir a consciência interior.

Eu sempre recomendo chegar lá atravessando as camadas como a primeira e mais eficiente opção. Então, quando já tiver ex-

A Jornada   167

perimentado a Fonte — mesmo que só tenha "molhado o dedão" nela — todas as outras formas podem ficar bem acessíveis.

Um processo extremamente eficiente é tão simples que as pessoas ficam sempre surpresas com a profundidade alcançada pela experiência da Fonte, especialmente porque esse processo é muito fácil de ser conduzido. É um antigo processo de se auto-questionar que tem sido praticado há milhares de anos em muitos mosteiros vedantas e tibetanos. Se você desejar, pode tentá-lo em casa, neste momento. A melhor maneira de fazê-lo é com um parceiro.

> Mais uma vez, reserve cerca de uma hora para um período de tempo privado, silencioso e sem interrupções. Peça a um amigo — de preferência um que já tenha lido este livro — para que se sente ao seu lado. Quando os dois estiverem à vontade e prontos, você pode fechar os olhos. O seu amigo vai lhe fazer uma pergunta bem simples, e você vai estar relaxado e receptivo como uma criança, realmente *desejando* saber a resposta — confiando que ela pode vir em palavras ou *sem* palavras.
>
> Será melhor se o seu amigo lhe dedicar toda a atenção, escutando-o como se estivesse ouvindo as palavras de Deus. Desse modo, ele estará totalmente "presente" à sua experiência e criará um espaço sagrado para que você possa começar o seu processo.
>
> O seu amigo ficará de olhos abertos, enquanto os seus devem estar fechados. Ele vai começar perguntando-lhe calmamente: "Quem é você?" De olhos fechados, escutando sua própria consciência, apenas "sintonize" e deixe que a resposta "transborde" de dentro de você, sem censurar qualquer coisa que surja. Então, dê uma resposta em voz alta. O

168 — A Jornada

seu parceiro vai lhe dizer "Obrigado" e perguntar "Quem é você?" mais uma vez.

E assim você vai continuar seguindo este mesmo caminho.

Muitas vezes, no começo, mencionamos nossos papéis superficiais: "Sou professor, mãe, executivo, etc.", mas se houver uma abertura real e um desejo de saber quem você *realmente* é, então, normalmente durante o processo, seu eu mais profundo vai começar a se revelar.

Pode ocorrer que em algum momento você se sinta tão vasto, extenso e silencioso que, quando lhe for perguntado "Quem é você?", não vai surgir nenhuma palavra vinda lá de dentro. Se isso acontecer, seja fiel à sua experiência, permaneça quieto.

O seu parceiro mesmo assim dirá "Obrigado" à sua *resposta não-verbal* e, mais uma vez, vai perguntar "Quem é você?"

O seu parceiro continuará fazendo a mesma pergunta, esperando por uma resposta verbal ou não-verbal até o fim do processo, que deve durar aproximadamente de 15 a 20 minutos. Você então pode parar, agradecer ao seu parceiro e trocar de papel com ele.

A chave do exercício é estar aberto como uma criança, confiar nas primeiras palavras que surgirem e estar disposto a dizer honestamente, verbalmente, tudo que vier à mente — não importa o quanto possa parecer ridículo.

Algumas respostas podem não revelar seu verdadeiro significado imediatamente, ou elas podem mesmo parecer tolas no momento. Durante um seminário de A Jornada, eu passei por uma dupla que estava trabalhando e ouvi um dos parceiros perguntar: "Quem é você?", e o outro responder: "Sou uma sonda de petróleo." O primeiro parceiro sorriu e disse: "Obrigado... Quem é você?"

Não ouvi o resto do processo deles, mas depois aquele que tinha se sentido como uma sonda de petróleo revelou que tinha percebido que não era apenas uma sonda de petróleo, mas também o petróleo, a torre de extração de petróleo, o ar e finalmente ele era *tudo*. Ele sentiu que era *tudo que faz parte da vida* e que também tudo que faz parte da vida estava acontecendo *dentro dele* — inclusive a sonda de petróleo!

Assim, não importa o quanto pareça bobagem, por favor não se censure. Deixe que a Fonte revele sua natureza por seus próprios, mágicos e misteriosos meios. É um exercício simples, mas extremamente profundo. É o meu favorito.

Gosto de passar alguns minutos longe do meu trabalho diário, ficar sentada calmamente, voltando-me para dentro de mim e perguntando: "Quem sou eu?" Normalmente, eu mal consigo acabar a sentença antes que se revele a vasta e poderosa realização de mim em tudo e em todo lugar. Eu permaneço na presença sem palavras dessa quietude livre de pensamentos que inspira tanto respeito e que muitas vezes me traz lágrimas aos olhos, e eu me reconheço aí.

Muitas vezes, no processo "Quem é você?", é tão importante ser o ouvinte, mantendo sua atenção voltada para o seu parceiro, quanto ser perguntado. Esse princípio simples e eficiente é uma coisa que você pode aplicar facilmente no seu dia-a-dia. Permita apenas que todo o seu ser se concentre naquilo que estiver fazendo. Se você realmente fixar a sua atenção, se estiver totalmente presente, então vai poder experimentar uma consciência infinita que está sempre presente quando não ocorre nenhum pensamento. Você vai se descobrir vivendo o momento como uma corrente sem fim do agora — consciência presente. Nela há a simplicidade pura, a quietude livre de pensamentos e a absoluta ausência de

170 A Jornada

medo. Nesse estado as ações transcorrem muito graciosa, livre e eficientemente — quando não há pensamentos para distraí-lo ou tirá-lo do rumo. Essa Consciência não é perturbada por ações e é realmente o manancial de onde vem toda genialidade e inspiração.

Ainda um outro modo de experimentar diretamente o Eu é por meio da meditação. Muitos dos que estão lendo este livro já podem ter aprendido "métodos" específicos de meditação. Eu não estou me referindo ao tipo de meditação em que se concentra a mente em uma palavra ou em um mantra. Nem estou falando da meditação em que se dirige a mente às várias sensações do corpo. Muitas vezes, penso eu, as pessoas que praticam meditação confundem um estado de transe com a condição de liberdade a que estou me referindo. Não estou falando sobre nada que tenha nem o mais leve caráter letárgico. Não é estar "desligado", "fora de sintonia", "embriagado", "entorpecido" ou "semelhante a um zumbi". É a quinta-essência da vigília. É um estado alerta, penetrante, presente e cintilante, cheio de vitalidade. É cristal límpido, puro viver, e nele você se sente ligado a tudo. Na verdade, você sabe que *é* tudo.

Muitas vezes dizem que a meditação é um tempo voltado para contemplar e rever nossas idéias. Para muitos é um tempo em que a mente segue num tumulto, saltitando como um bando de macacos tagarelas. Assim, se você tem um método específico, por favor não o confunda com aquilo que estou falando aqui.

Eu tenho feito meditação há vinte anos e, embora ache que ela relaxa e acalma, a meditação como é encarada normalmente não me "desperta" nem me dá a realização completa de quem eu sou. A paz a que me refiro é uma quietude *além* da mente. Nela existe uma energia, um poder de amor que muitas vezes provoca uma alegria sem motivo. Prefiro chamar o tipo de meditação sobre o qual estou falando de "sitting". É sentar-se e repousar,

A Jornada 171

embeber-se, saturar-se nesse estado de consciência, nessa paz enquanto puro ser. Sem pensamentos, sem mantras, sem métodos. E eu descobri que apenas com a pergunta "Quem sou eu?" essa presença pode se revelar poderosamente.

Você gostaria de tentar uma meditação "sem método"? Gostaria de experimentar um "sitting"?

Reserve uns 20 ou 30 minutos. Descubra uma posição confortável em que você possa ficar sossegadamente consigo mesmo. Você pode começar perguntando "Quem sou eu?". Deixe que a completa presença sem palavras se revele ... apenas deixe-se embeber dessa presença.

Se quiser, você pode deixar que essa presença, essa consciência, se expanda sem limites à sua frente ... Então sinta que está se tornando vasta atrás de você ... Deixe então que ela ocupe o espaço em toda a sua volta ... infinita abaixo ... e sem fim acima ... e se deixe ficar como se fosse um mar sem fronteiras de puro ser, um oceano de quietude.

Se passarem pensamentos pela sua mente, você pode deixá-los ir à deriva na superfície, enquanto você permanece profundamente imerso na presença da consciência.

Ou, se pensamentos cruzarem sua mente, deixe que eles não sejam da sua conta — trate-os como as nuvens no céu, que passam enquanto você permanece imerso nas profundezas desse insondável mar de quietude, na consciência pura.

Apenas se mantenha muito vasto, sem limites; encharcando-se desse modo até que um impulso ou sabedoria interior leve você a concluir.

Gosto de deixar o "sitting" durar o tempo que for num espaço mínimo de 20 minutos. Quando você abrir os olhos, permaneça nesse estado de leveza, receptividade e amplitude. Tenha consciência da sua presença preenchendo a sala, então

172 A Jornada

> tudo o que fizer durante o dia pode acontecer naturalmente nesse vasto contexto. De fato, descobri que essa presença tem uma inteligência inata que faz com que o meu dia inteiro flua. Apoiando-se nela, o agir ocorre sem esforço e graciosamente sem que eu perceba como. Nessa consciência, tantas coisas a mais são feitas sem o usual desgaste e esforço.

Se você quiser ouvir a minha voz guiando você ao longo de uma meditação *guiada* mais extensiva, você pode usar o programa da Jornada em fita cassete.

25

No seminário de A Jornada, depois de completado o processo "Quem sou eu?", pergunto a todos quais são algumas das qualidades que parecem brotar naturalmente da Fonte. As pessoas citam as diversas qualidades e as palavras são escritas em um grande quadro na parte da frente do salão. O quadro fica preenchido com essas qualidades positivas.

Quando você passou pelo seu processo de "Quem é você?", quais eram algumas das qualidades que surgiram? A reprodução a seguir é de um quadro típico.

Liberdade, ausência de limites, alegria, clareza, abundância, perdão, sincronicidade, percepção, paz, humor, fluidez, graça, tranqüilidade, ausência de medo, abertura, silêncio, divindade, rendição, existência, contentamento, espontaneidade, leveza, sabedoria, cuidado, compaixão, facilidade, beleza, confiança, inspiração, cura, vitalidade, diversão, gargalhada, pureza, ludicidade, animação, preenchimento, dom da descoberta, unicidade, humildade, compreensão, aceitação, prazer, honradez, força, co-

> *ragem, imensidão, vigor, vibração, paixão, equilíbrio, eternidade, delicadeza, curiosidade, simplicidade, energia pura, ternura, integridade, realização, serenidade, verdade.*

Assim que o quadro estiver preenchido, eu peço a todos para que observem as qualidades e realmente as absorvam. E pergunto quantas dessas qualidades eles experimentaram durante o fim de semana. Normalmente há uma pausa longa, enquanto as pessoas refletem sobre a questão, e inevitavelmente alguém se levanta e diz: "Todas elas!"

Eu sempre respondo que isso é absolutamente verdadeiro. Nós experimentamos todas elas. Toda vez que a Fonte quer que você saiba que está em contato com ela, ela lhe dá um presente na forma de uma dessas qualidades. Esse é o modo pelo qual a sua essência, a sua Fonte, tem para se comunicar sem palavras dúbias que você está em contato com o seu mais profundo Eu. É o jeito da Fonte lhe dizer: "Acertou em cheio! Você entrou em contato e, porque está em contato, você ganhou um prêmio, ganhou um presente!" Você está em contato, por isso consegue sentir alegria, prazer, paz, etc. É o modo pelo qual a consciência pode sinalizar para o corpo que você está nos trilhos.

Todas as vezes que você entra em contato, ela lhe dá uma pista, e se você começar a observar os momentos da sua vida em que sente qualquer dessas qualidades (compaixão, ternura, clareza, etc.), é a Fonte que está sinalizando que você está fluindo.

Tantas pessoas dizem: "Eu gostaria de saber o que se espera que eu faça na vida." Ora, observe as pistas — a Fonte está deixando as migalhas de pão ao longo do caminho. Se apenas seguir as migalhas de uma experiência da Fonte para a seguinte, você pode conduzir a sua vida como um fluxo sem fim da Fonte, seguindo o que a sua alma projetou para você em vez de cair em armadilhas, levado por idealizações conflitantes e por vozes confusas tagarelando em sua mente.

O seu corpo é um barômetro da sua alma. Se quiser saber se está realmente nos trilhos, observe o seu corpo. Se estiver experimentando qualquer das qualidades da Fonte, cumprimente a si mesmo dando um grande tapa em suas próprias costas — você está em contato, você está fluindo.

Desse modo a sua alma pode guiá-lo de uma experiência da Fonte para a seguinte.

26

Nem todos que passam pelo trabalho do processo da Jornada chegam com um problema emocional desafiador ou com problemas de saúde. Na verdade, *a maioria* das pessoas já tem grande parte de suas vidas correndo bem. Já se sentem saudáveis e levam vidas bem-sucedidas e completas.

Eu acredito que um verdadeiro sinal de sucesso é o honesto reconhecimento de que há *sempre* espaço para o aperfeiçoamento, há sempre mais crescimento e aprendizado para se alcançar. O sucesso tende a gerar mais sucesso, e para continuar a ser bem-sucedido, você precisa crescer. E assim, pessoas altamente bem-sucedidas muitas vezes vêm à Jornada para uma "faxina" geral interna, para ficarem ainda *mais* livres, *mais* vivas e *mais* saudáveis, em seus relacionamentos, no trabalho, ou dentro delas mesmas.

Freqüentemente, quando as pessoas alcançaram tudo — a família perfeita, a casa de campo e têm empregos muito bem-sucedidos — alguma coisa dentro delas diz: "Alcancei tudo que eu *pensei* que quisesse e ainda sei que há alguma *coisa mais* — alguma coisa maior."

A Jornada 177

Essas são as pessoas que muitas vezes têm o maior desejo de despertar para o seu verdadeiro eu, para a fonte. Elas perceberam que todas as armadilhas exteriores podem ser agradáveis, mas "sabem que isso não é o suficiente". Não é "Aquilo". Essas pessoas muitas vezes se tornam verdadeiras buscadoras espirituais. Tendo visto a grandeza no mundo exterior e percebendo que alguma coisa está faltando, elas começam a voltar a sua atenção para dentro, esperando encontrar a verdade que as libertará.

Essa sede para descobrir o "quem sou eu" é na realidade, para mim, a sede mais profunda que existe. A sede por uma ordem superior. Muitas vezes esses buscadores nem têm consciência de que esse é o caminho que estão procurando. Tudo o que eles sabem é que há *alguma coisa* maior e que eles desejam experimentá-la, conhecê-la, viver dentro dela e ser sua expressão.

Algumas vezes, somente quando você tem tudo em ordem, quando tudo parece estar indo bem, é que a sua alma sussurra para você: "Sim, *e* há alguma coisa mais." É então que as pessoas se vêem em sessões individuais ou em um fim de semana de A Jornada.

Sempre acho que se as pessoas procuraram a Jornada ou compraram este livro deve significar que a sua alma está pronta. Em algum lugar, bem no íntimo, elas fizeram uma prece — uma prece para despertar para a verdade, uma prece para descobrir a grandeza interior. Eu me sinto tão honrada, tão humilde ao conhecer as pessoas que vêm para sessões individuais ou se dirigem para os *workshops* de A Jornada, porque sei que elas fizeram a sua prece divina e que, mesmo se suas mentes não tiverem consciência disso, a alma delas as está chamando para casa.

Vieram para descobrir seus *eus verdadeiros* e, se tiverem muita sorte, podem se apaixonar tão profundamente pela Fonte, de forma tão verdadeira e resolverem nunca mais deixá-la.

178   A Jornada

Geoffrey é um homem desse tipo. Ele é o diretor-executivo de uma empresa muito bem-sucedida situada perto de Manchester. Quando chegou na sessão individual, ele dava a impressão de ser autoconfiante, dinâmico — o tipo do homem realizador. Posso imaginar que a maioria das pessoas consideraria o estilo de vida dele invejável — ele tem uma filha linda, uma mulher adorável, uma casa magnífica e uma carreira de sucesso. Virtualmente tudo em sua vida parece estar se movendo na direção certa.

Ele me contou que tudo estava mesmo correndo muito bem e que ele tinha vindo apenas para lidar com algumas coisas pequenas, para fazer uma "sintonia fina". O que o vinha aborrecendo era o fato de que, embora fosse o diretor-executivo de uma empresa de informática bem-sucedida, ele ainda achava que tinha medo de falar em público e ficava tímido e desajeitado quando fazia apresentações diante do conselho de diretores. Ele explicou como isso era ridículo, já que a empresa ia indo bem, e o quanto ele se sentia tolo por ser o diretor-executivo e ainda ser tão evidentemente desajeitado diante do seu próprio conselho. "Sei que sou um bom líder — os nossos lucros indicam isso —, mas quando se trata de falar em público, eu congelo."

Rimos disso e eu lhe expliquei que nos Estados Unidos foi feita uma pesquisa e descobriram que o medo de falar em público é o medo número um — maior que o medo da morte! Continuei para dizer-lhe que essa falta de jeito que ele sentia era extremamente comum. Disse-lhe: "Já que as pessoas têm mais medo de falar em público do que de morrer, você provavelmente está ganhando o jogo, porque pelo menos você chega lá e fala. Isso é mais do que a maioria das pessoas se sente capaz de fazer".

Ele sorriu mas insistiu que ainda ansiava para se ver livre de qualquer coisa que pudesse freá-lo. Concordei com ele e lhe disse que eu também tinha me comprometido a resolver qualquer desafio que parecesse me prender em qualquer plano. Afirmei-lhe

A Jornada 179

então que faria o melhor possível para ajudá-lo a descobrir o que havia no fundo desse medo, para que ele pudesse finalmente se libertar dele.

Antes de começarmos o processo, ele olhou para o relógio e me disse que em seguida precisaria comparecer a uma reunião, tomar um avião e que tudo deveria estar completo e acabado até as 14 horas. Basicamente, ele tinha vindo para se livrar do seu maior temor e queria que tudo estivesse resolvido em um período de hora e meia! Mesmo quando procurava o crescimento pessoal ele esperava alcançar os melhores resultados em um tempo recorde. Sorri e lhe disse que eu faria o melhor possível.

Enquanto eu pegava a minha prancheta de anotações, silenciosamente fiz a prece que sempre faço pelos clientes antes de começar: que a mais elevada e profunda cura ocorresse em todos os planos do seu ser — emocional, físico e espiritual. E em meu coração eu fui lembrada de que embora ele achasse que estava lá para se curar do medo de falar em público, de fato ele estava se encaminhando para conseguir muito mais — ele iria conhecer o seu eu verdadeiro, a sabedoria infinita, a genialidade interior.

Embora ele não tivesse dito isso, eu sabia que em algum lugar do seu íntimo ele havia feito uma prece para "despertar" para quem ele *realmente* era e, mesmo que o medo de falar em público fosse sua questão emocional superficial, o seu verdadeiro anseio era por liberdade, paz, pela própria verdade.

Conforme fomos atravessando as camadas emocionais, ele fazia um comentário de passagem, como se estivesse fazendo o registro de como estava indo bem. Mesmo em seu processo, a sua identidade de realizador vinha à tona com força. Como parte do processo, eu senti esse comentário quase obstruindo o caminho e fui obrigada a lembrá-lo para ficar fora de sua mente e simplesmente sentir e permanecer presente e em contato com suas emoções. Finalmente ele abriu o seu caminho. Foi uma experiência de humildade para nós dois. Ali estava aquele homem sentado usando uma camisa impecavelmente passada e uma gravata de seda, com lágrimas de respeito e admiração correndo pela sua face — maravilhando-se com a beleza surpreendente e inspiradora que havia descoberto, a vasta unidade sem limites com todos e com tudo. Ele ficou sentado em silêncio, profundamente comovido pela poderosa presença do amor em seu próprio coração.

Assim que ele entrou em contato com a sua própria infinita sabedoria, ficou extraordinariamente claro como seus padrões de infância foram revelados. Viu cena após cena com seu pai nas quais sentia que nunca seria bom o suficiente para ele. Se aparecesse em casa com nota 95 em vez de 100, seu pai diria: "O que aconteceu com os outros cinco pontos?" Parecia que, não importava o quanto ele tentasse, nem quanto realizasse, nunca conseguiria o respeito e a aprovação do pai.

Ele viu com absoluta clareza o que estava no centro do seu medo de falar em público. E como, mesmo diante do conselho de diretores, ele sentia que nunca alcançaria seu respeito, não importava o quanto fizesse. Era quase como se, em todas as vezes que ficasse em pé para falar diante do conselho, ele fosse realmente um menininho em pé diante do pai. O velho medo de que "Eu não vou conseguir fazer direito. Nunca serei bom o suficiente" estava provocando nele uma desintegração interna.

Depois que ele acabou de trabalhar o processo e resolveu o problema com o pai, perdoando-o por todas as vezes em que se sentira tão incompreendido, desamado e criticado, continuamos atravessando as camadas emocionais restantes.

Quando acabamos, olhei dentro dos olhos de um homem que tinha finalmente encontrado a paz. Parecia uma criança pequena e inocente. Ele olhou para o relógio em seu pulso e percebeu que tinha o tempo certo para pegar o seu vôo, mas estava pensando em cancelar a reunião de conselho daquela tarde. Admitiu que tinha sido uma revelação tão grande para ele que desejava ter alguns minutos para saboreá-la e integrá-la. Observei intimamente que aquela era uma reação inesperada partindo do homem que entrara pela minha porta havia apenas duas horas.

Duas semanas mais tarde, eu estava no seminário de Jornada em Newcastle-under-Lymee e Geoffrey entrou de surpresa no salão do seminário. Eu realmente não esperava que ele viesse, por causa da sua agenda cheia, e fiquei muito contente quando o vi.

A certa altura durante uma sessão de perguntas e respostas, Geoffrey levantou a mão e orgulhosamente e sem medo levantou-se para falar num ambiente em que estavam mais de 100 pessoas. Ele falou entusiástica e despreocupadamente, inspirando a todos, como se falar em público fosse tão natural para ele quanto amarrar os cordões dos sapatos.

"Que mudança", eu pensei. Ele contou que antes tinha medo de falar em público e fizera uma sessão individual comigo. Não só o medo desaparecera, mas desde então ele se sentia com tanta fluidez, tão "solto", que seu jogo de golfe tinha melhorado visivelmente. De fato, ele ganhara um torneio de golfe dois dias depois da sessão.

Todos aplaudiram o seu evidente sucesso. E então ele acrescentou: "Quando fui receber o meu troféu, eu fiz com toda a facilidade um discurso de agradecimento impecável. Foi naquele momento que percebi que o meu medo de falar em público tinha sumido."

Quando ele se sentou, olhei em seus olhos e vi o mesmo brilho — aquela centelha que tantas vezes eu enxergo quando alguém avançou e chegou ao lar, ao seu verdadeiro eu. Ele, sem dúvida, estava iluminado. E pensei: "Não é realmente incrível que até mesmo um executivo cujo único foco esteja voltado para os seus ganhos queira conhecer seu amor interior, sua paz?"

Pela primeira vez ele me pareceu *realmente* bem-sucedido. Tinha encontrado o tesouro sem preço que ninguém poderia tirar dele. Ele tinha achado o seu eu verdadeiro.

Um outro homem veio a um *workshop* em Birmingham. No caso dele quase o oposto tinha sido verdade. Na faixa dos 40, Alan tinha sido um executivo muito bem-sucedido, tinha ganhado milhões. Agora que estava na casa dos 60, ele perdera toda a sua fortuna e precisara contar com a ajuda de um amigo para pagar a taxa de inscrição para o fim de semana.

Durante o seu processo de Jornada Física ocorreu um acontecimento inesperado. Sua nave o havia levado para dentro do olho, que parecia todo nublado olhando de dentro para fora. O interessante é que a lembrança que ele descobriu não era uma lembrança negativa do passado, mas *positiva*. Alan voltou à época em que era muito bem-sucedido — um empresário dinâmico e realizador. Ele voltou ao período quando tudo o que ele tocava parecia se transformar em ouro; uma época em que parecia que nada poderia detê-lo.

Não havia ninguém mais em volta da sua fogueira — apenas o Alan mais moço, na faixa dos 40, o Alan atual e o seu mentor. Mas era espantosa a quantidade de coisas que o eu mais jovem dele tinha a dizer! O Alan mais jovem fez um verdadeiro discurso para o Alan atual, lembrando-o com palavras nem um pouco dúbias de que o mesmo talento, as mesmas qualidades positivas que o tinham tornado milionário aos 40 anos ainda estavam dentro dele. Tudo isso estava deixado de lado, sem cuidados e sem uso porque o Alan do presente se esquecera de quem era. Ele tinha se esquecido da grandeza que tinha permitido que alcançasse tanto sucesso. O seu eu mais jovem o estava censurando e implorando para que reconhecesse: "Eu ainda estou aqui!"

Não tinha ocorrido ao Alan atual que o seu sucesso não tinha sido um produto de circunstâncias externas. Ele não percebera que o seu sucesso tinha nascido da sua própria grandeza interior. Era a primeira vez em mais de 10 anos que Alan pelo menos encarava a possibilidade de ser bem-sucedido novamente.

Depois do processo, Alan disse que era como se tivesse dado um salto e que se sentia verdadeiramente livre da condição de vítima indefesa que o aprisionara durante tantos anos. Tinha sido necessário o processo para ele se lembrar de como era estar novamente em contato com a Fonte e qual a sensação de estar conectado com sua genialidade interior. Era a primeira vez em anos que se sentia em contato, fazendo parte do fluxo. Ele não esperava que isso fosse possível.

Quando ele estava prestes a sair do seminário, eu vi uma centelha de juventude brilhar em seus olhos como deve ter ocorrido em seus anos de sucesso. Ele se lembrara do brilho de estar em contato com seu Eu real e livre.

27

Faz parte da minha experiência pessoal a Jornada não acabar com um processo de Jornada Física ou Emocional. De fato, normalmente fazer o processo é apenas o *começo* de um longo processo de liberação de camadas emocionais e uma experiência cada vez mais profunda de si mesmo em Liberdade. A liberdade não tem limites. Não é como você chegar na Fonte e se instalar aí. Em vez disso, é mais como você começar a viver na Fonte, como uma expressão dela, e ela revelar a você todos os véus restantes, padrões de mágoa e velhas questões — todos prontos para serem liberados. E mesmo assim, aquilo que você realmente é, Fonte, continua tranqüila, pura e intocada pela dança da vida.

A Fonte é implacável em seu desejo de libertá-lo. Por sua própria natureza, a Liberdade traz à tona qualquer coisa que ainda não esteja liberada e diz: "Isso é bem-vindo, mas *não* é o que você *realmente é*." A Fonte tem um modo de indicar aquilo que você não é, mesmo enquanto está levando você a se aprofundar naquilo que realmente *é*. Assim, quando o tumor surgiu e desapareceu, eu não percebi que isso seria apenas o começo de um longo período de liberação.

Cerca de um ano e meio depois do tumor, no outono de 1993, houve um incêndio violento nas colinas de Malibu. Talvez você tenha lido a respeito disso nos jornais ou visto na televisão. O fogo foi tão devastador que consumiu 280 casas e deixou desabrigadas centenas de pessoas.

Eu estava em Nova York na ocasião, em um estúdio de televisão. O diretor se aproximou e me disse: "Acho melhor você deixar o estúdio agora e ir até o salão verde de recepção para ver as notícias. Você tem uma casa em Malibu, não é mesmo? Talvez fosse melhor verificar se está tudo bem. Os relatos dizem que o fogo está fora de controle e as chamas alcançam mais de vinte e um metros."

Conforme eu assistia ao noticiário, nada disso fazia sentido — tudo parecia surreal. Lá estava a minha cidade, a linda Malibu, envolta numa fumaça espessa e ardendo como o inferno. Em silêncio, eu me sentei sozinha e fiquei olhando como, uma a uma, as casas dos meus amigos se incendiavam como palitos de fósforos. Era como um filme de catástrofe mal editado e parecia que a todo instante os créditos iam começar a rolar na tela.

Não consegui ver a minha casa, mas como os incêndios estavam claramente devastando as encostas dos morros e a minha casa ficava na praia, não parecia muito provável que as chamas fossem saltar por cima da rodovia e incendiar as casas próximas ao mar.

Sentindo que não iria ajudar mesmo em nada o fato de permanecer sentada ali, perplexa e hipnotizada em frente à tela da televisão, eu desliguei o aparelho e resolvi me sentar calmamente e orar por todas aquelas pessoas que de repente viam suas vidas virarem do avesso. Sabia que deveria haver muito sofrimento e pensei nos meus amigos e lhes mandei todo o meu amor. Incapaz de localizá-los, eu me senti muito sozinha e desamparada. Queria muito poder fazer alguma coisa. Assim, rezar era a melhor coisa em que eu podia pensar naquele momento.

Depois de ter feito as minhas preces, fiquei lá sentada, quieta e imóvel, banhando-me numa quietude infinita, sem nada para dizer ou fazer. Suavemente, de dentro daquela imobilidade, um pressentimento começou a surgir. Resolvi que seria melhor fazer uma verificação mental para ter certeza de que nenhum dos meus entes queridos estava em minha casa — "só para constar". Pensei em minha filha, Kelley, e em como ela se mudara com o noivo para Santa Mônica, a uma distância de uns 12 quilômetros. E eu sabia que Don estava em um seminário em Santa Fé. Não tínhamos mais nenhum bicho de estimação, por isso, por um instante, suspirei de alívio por ninguém da família estar em casa ... mas, ainda assim, insidiosamente, aquele pressentimento voltou a se insinuar.

Para espantá-lo, decidi ligar para a minha filha e seu noivo para ter certeza de que eles estavam bem, e tão logo tudo foi resolvido no estúdio pedi ao diretor para que me deixasse sair mais cedo.

Dormi intermitentemente naquela noite e acordei na manhã seguinte com uma enxaqueca alucinante. Fui diretamente para os estúdios. Quando cheguei lá, todos pararam e ficaram me olhando. Pensei que tivesse chegado atrasada. Baixou um terrível silêncio sobre aquela que havia pouco era uma equipe ocupada e barulhenta.

Duas pessoas trocaram um olhar, como se estivessem resolvendo quem iria me dar a notícia. Até que, misericordiosamente, alguém se controlou e disse: "Brandon, acho que você precisa marcar o seu vôo de volta ... A sua casa foi destruída pelo fogo ... Sinto muito, não sei nem o que dizer." Depois de uma pausa, perguntou meio sem graça: ... "Você tem seguro?"

"Não... ninguém faz seguro em Malibu — fica muito caro quando se mora perto do mar..." Mais uma longa pausa ... "Bom, acho melhor verificar se alguma companhia aérea pode me ajudar." Ninguém disse mais nada. Não havia mais nada a ser dito. Eu saí do estúdio para enfrentar o vento frio e penetrante de Nova York. Era um dia cinzento de outono, mas as cores pareciam profundamente intensas, os odores muito fortes, o barulho do trânsito era ensurdecedor e, no entanto, em tudo isso eu sentia um silêncio muito profundo.

Estranhamente, senti como se um grande peso tivesse sido tirado dos meus ombros, como se anos de *karma* de alguma forma tivessem sumido. Eu me sentia curiosamente leve e livre. De dentro de mim, uma pequena canção que ouvira em um centro espiritual começou a soar. As palavras eram: "Tenha fé, está tudo bem." Elas pareciam tão ridiculamente piegas, ainda que tão docemente apropriadas, por isso continuei a entoá-la para mim mesma enquanto ia até o apartamento para arrumar as malas.

Liguei para a empresa aérea. Embora eu tivesse uma passagem não reembolsável, diante das circunstâncias, o funcionário disse que eu poderia viajar a qualquer momento, mas me avisou que o próximo vôo estava muito cheio. Quando cheguei ao aeroporto, o vôo estava lotado, e como não houvesse mais assentos disponíveis na classe econômica, uma senhora muito simpática me passou para a primeira classe. Os meus olhos se encheram de lágrimas diante do coração generoso de uma completa estranha que chegara até mim quando eu mais precisava disso. A canção "Tenha fé, está tudo bem" continuava soando dentro da minha cabeça.

No vôo para casa, tive consciência de que as roupas que estavam na minha mala eram agora tudo o que eu possuía. Ali estava eu, aos 40 anos, e tudo o que eu tinha em meu nome era uma mala. De alguma forma aquilo não me pareceu uma coisa ruim.

188 A Jornada

Chegando ao aeroporto de Los Angeles, o meu marido foi me encontrar e disse: "Acho que seria melhor se fôssemos diretamente para lá. Você está com a sua carteira de motorista, não é? Não estão deixando ninguém passar pelas barricadas a menos que possa provar que reside em alguma das casas que foi destruída. Todas as pessoas são obrigadas a mostrar uma prova de residência. Ainda assim, já houve muitos saques."

Enquanto seguíamos pela rodovia da Costa do Pacífico, a visão já não era de um filme de catástrofe. Era tudo muito, muito real. Fiquei sem ar diante daquela devastação. Quando chegamos perto daquela que fora a nossa casa, respirei fundo para me preparar. Embora nada pudesse realmente me preparar para aquilo. Quando chegamos na entrada de carro, vimos que tudo o que restara era madeira negra e queimada, ainda fumegando em alguns lugares, um monte de destroços e a nossa magnífica buganvília magenta — intacta, fresca e completamente florida; parecendo tão viva e vibrante em contraste com a pilha negra e desolada formada pelos restos daqueles 18 anos de vida familiar.

Eu achava que iria explodir em lágrimas, mas em vez disso eu me senti profundamente calma, humilde e consciente de que era um momento sagrado para mim — um momento precioso. Não queria suprimir ou obscurecer qualquer coisa que eu pudesse sentir. Eu apenas queria estar presente para qualquer coisa que surgisse. Um profundo e inexplicável sentimento de gratidão me invadiu. Tive consciência de quanta sorte eu tinha por manter um relacionamento tão bom com meu marido e minha filha, e isso era, acima de tudo, o que realmente interessava. Tudo o mais não passava de bens materiais.

Quando entramos naquela que tinha sido a nossa cozinha, Don me avisou para tomar cuidado, já que o piso tinha queimado completamente. Poucas vigas de madeira enegrecida ainda permaneciam de pé, a geladeira e a lava-louça tinham derretido completamente e o plástico tinha se fundido ao metal. Dava para perceber que o que sobrara da louça sem cair e se quebrar tinha sido saqueado. Parecia de algum modo ridiculamente bizarro que existissem pessoas que pilhassem o que restara das perdas de outras e roubassem daqueles a quem já não sobrara muita coisa.

Nada com relação aos restos parecia assemelhar-se ao que eu conhecia como nossa casa, até que dei com uma peça de louça que os saqueadores tinham esquecido. Era uma caneca que eu comprara em um centro espiritual. Nela estavam escritas essas simples palavras: "Tenha fé, está tudo bem." Ri para mim mesma e percebi que recebera sinais de que a Graça estava definitivamente à mão.

Don e eu continuamos a escavar entre os destroços para ver se havia alguma lembrança ou peça de valor sentimental que valesse a pena resgatar. Surpreendentemente um arquivo de metal havia caído sobre o nosso pesado álbum de casamento encadernado em couro. Ficamos emocionados por tê-lo encontrado e, embora as fotos estivessem parcialmente encharcadas, ainda estavam intactas. Acabei achando também um botão de metal amassado que uma professora tinha me dado. Nele estavam escritas as palavras: "Quando a vida lhe dá limões, faça uma limonada." A impressão que eu tinha é que havia sinais espalhados para mim por todos os lados, e sorri diante do pensamento de quanta limonada eu provavelmente precisaria fazer.

Cada momento parecia ao mesmo tempo precioso e comovente, nem um pouco como eu imaginara que seria. Rimos ao constatar como a vista do mar tinha ficado melhor agora que não tínhamos paredes, e continuamos a cavar entre os destroços. De repente, sem que eu esperasse, ouvi uma voz atrás de mim. Eu me virei e me vi cara a cara com uma enorme câmera de televisão. Uma repórter enfiou o microfone na frente da minha boca e perguntou: "Você se importaria de responder algumas perguntas?"

190   A Jornada

Surpresa e atônita, murmurei: "... Bom, não ... Desde que você não se importe que eu continue a trabalhar ... Nós acabamos de chegar aqui."

"Como se sente como uma vítima desta calamidade?"

Sacudi a cabeça incrédula diante da assustadora insensibilidade da moça ao fazer uma pergunta dessas num momento como aquele, e no entanto ainda lhe respondi delicadamente: "Bem, na verdade, eu não me sinto como vítima."

"Certo, então como se sente como uma *sobrevivente* desta calamidade?"

Olhei para ela e lhe disse calmamente: "Também, na verdade, não me sinto como uma sobrevivente."

"Certo, então, como é que você se sente?" Finalmente ela tinha feito a primeira pergunta *real*.

"Verdadeiramente, o meu sentimento mais forte no momento é gratidão."

"Gratidão? Como você consegue sentir gratidão num momento como este?"

Finalmente, parei de vasculhar em torno. Eu me virei para ela e olhei bem fundo em seus olhos. Passou pela minha cabeça quando olhei para o seu rosto o quanto deveria ser difícil ser repórter. Calmamente eu lhe respondi: "Sinto gratidão por estar hoje verdadeiramente consciente de quantas pessoas queimariam alegremente 10 casas para experimentar a espécie de amor que eu tenho na minha vida — para ter um relacionamento tão completo como o meu com o meu marido e para sentir como sou abençoada por estar tão próxima da minha filha."

Apontando para os destroços, eu disse: "Isto não é uma calamidade. Se estiver procurando por isso, vá falar como a senhora de 80 anos que mora no alto da colina. Ela não vê mais os filhos e a casa foi tudo o que lhe restou. Isso sim é uma calamidade. Quanto a mim, eu tenho 40 anos, tenho à minha volta pessoas

A Jornada 191

que amo e uma carreira que considero como um privilégio. Você não diria a um jovem de 18 anos: 'Nossa, que calamidade — não lhe restou nada além das duas malas nas mãos para começar a vida.' Você diria: 'Você tem a vida inteira diante de si.' Eu sou como esse adolescente. Posso ter 40 anos e realmente não possuo qualquer tipo de seguro, mas tenho a vida inteira diante de mim. Por isso lhe digo que isto não é uma calamidade."

Ela pediu para o operador da câmera para cortar e me perguntou em particular se eu *realmente* me sentia dessa forma. Os olhos dela estavam cheios de lágrimas. A minha resposta foi delicada: "Saiba que num momento como este não ocorre a ninguém inventar uma coisa assim. Com a carga de vulnerabilidade e humildade que pesa num momento como este, a verdade tem um canal para se expressar claramente."

"Mas como você pode se sentir grata, quando sabe que a sua foi a *única* casa de praia que pegou fogo? Isso não a faz se perguntar: 'Por que eu? Por que a minha casa?'" Vi o sinal que ela fez para o operador de câmera começar a gravar novamente.

"Vou lhe contar a história real desta casa. Dez minutos antes de você entrar, eu conversei com um bombeiro, que me disse que estava aqui na hora do incêndio. Uma brasa voou por cima da estrada e, embora um esquadrão inteiro de bombeiros estivesse postado do lado de fora da minha casa, pronto para dominar as chamas, não conseguiam fazer isso por causa dos ventos fortes, de mais de 100 km por hora. O fogo ficou fora de controle. Por isso a casa queimou até os alicerces em menos de cinco minutos. Ele também me contou uma coisa muito mais interessante. Disse que a casa inteira pegou fogo, exceto este cômodo aqui — a minha sala de meditação. Ele disse: 'Não sei o que cerca aquela sala, mas o fogo parou ali.' E eles então puderam dominar as chamas.

"Por causa dessa sala misteriosa, todos os chalés de praia da vizinhança foram salvos. Assim, se a minha casa precisava ser sacrificada para que todas as outras pudessem ser salvas, então o preço a ser pago foi pequeno quando você olha o quadro inteiro."

Diante dessa última resposta a repórter pareceu ficar sem palavras e, como se tivesse esgotado todas as perguntas, ela e o operador de câmera arrumaram suas coisas e foram embora em silêncio.

O bombeiro passou por lá mais tarde e me perguntou o que tornava aquela sala tão especial. Ele parecia genuinamente perplexo. Nenhum de seus colegas tinha conseguido descobrir o motivo.

"Eu construí esse cômodo há pouco tempo em cima do *deck*. Como é a minha sala de meditação, pus várias representações de santos de diferentes tradições espirituais dentro das paredes enquanto estava sendo construída. Não posso explicar o mistério dela não ter queimado, mas se o fogo parou ali, tudo o que posso sugerir é que de alguma forma talvez haja alguma Graça protetora nela. Não posso realmente lhe dar uma resposta, mas o importante é que a casa do nosso vizinho, que fica junto dela, permaneceu intacta. E por isso eu meu sinto grata."

"Se tivesse atingido a casa do seu vizinho, o fogo teria se alastrado por todas as casas nesta faixa da praia de Malibu, porque não teríamos como detê-lo."

Sacudindo a cabeça, ele acrescentou: "Não acredito nessas coisas, mas, como bombeiro, eu conheço o meu serviço — e isso faz a gente ficar imaginando."

Isso não me fez ficar imaginando. Parecia que os sinais da Graça estavam espalhados por todos os lados. E, verdadeiramente, eu ficara com tudo o que realmente importava — meu marido, minha filha e a minha capacidade para ganhar dinheiro para encher nossas barrigas e, eventualmente, para pôr um teto sobre nossas cabeças. E o mais importante era que eu me sentia em abundância — já que eu fora abençoada com o que realmente importava na vida, o amor. Ou pelo menos era o que parecia naquele momento.

28

A vida tinha alguma coisa mais profunda para me ensinar sobre a verdadeira natureza do amor.
Fazia já um ano que o incêndio acontecera. Tínhamos nos instalado em um apartamento novo em Malibu, ao sul de onde ocorrera toda a devastação; dessa vez na encosta dos morros, com vista para o mar. De alguma forma a Graça parecia estar nos apoiando no nosso recomeço a partir do zero. Tantas pessoas, até mesmo completos estranhos, foram bons e generosos conosco durante aquele período. Mobiliar a nova casa custou todo o dinheiro que tínhamos e por isso Don escreveu diversas cartas para o Serviço de Arrecadação de Impostos pedindo que, diante das circunstâncias, fôssemos enquadrados num plano de pagamento para quitar nossos impostos atrasados. O fogo tinha sido financeiramente devastador e estávamos fazendo o possível para retomar nossas vidas.

Don e eu tínhamos ficado fora do país trabalhando durante uns dois meses. As nossas passagens aéreas nos permitiam uma escala na Índia, e assim, com o dinheiro contado e uma prece, fomos visitar um mestre espiritual. Dava a impressão que era uma

194 A Jornada

época para aprender muitas lições — primeiro, o tumor, então, o fogo, e quando visitamos o mestre eu senti uma entrega profunda e uma sede insaciável de aprender tudo o que a Fonte tinha para ensinar que fizesse parte da sua natureza.

Durante a nossa estada, eu tive uma experiência espiritual muito forte — o sentimento de que a minha própria identidade, tudo o que eu achava que fosse "eu", meu ego, tinha se esfacelado, virado pó. Tudo o que sobrara era a consciência pura brilhando em todas as coisas, em todos os lugares. No avião de volta para casa, percebi que eu estava olhando tudo com novos olhos, como se fosse pela primeira vez. Tudo estava cintilando *como* eu. Eu não tinha idéia de que o que aconteceria em seguida em Malibu acabaria por espelhar a experiência que eu tivera na Índia. A minha vida nunca mais seria a mesma.

Carregando as malas pesadas escada acima para o nosso novo apartamento, moída e cansada pela longa viagem, eu ainda me sentia vendo tudo de uma maneira nova. Uma árvore sem graça parecia exuberante. As flores-de-gelo pareciam tão vibrantes. E quando entrei no apartamento, abrindo nossas portas de correr de vidro e aspirando o ar fresco que vinha do mar, enchendo meus pulmões com o cheiro salgado da maresia, fiquei imaginando se algum dia eu já tinha tido essa sensação tão gloriosa.

Olhei para trás, na direção da mesa da cozinha. Havia uma pilha alta de correspondência acumulada, o que sempre tinha me dado a sensação de "seja bem-vinda — sim, você está em casa". Assim, antes de desarrumar as malas, eu ataquei rapidamente o maço para ver se, quem sabe, haveria algumas boas notícias. Cinco gordos envelopes enviados pelo departamento encarregado da arrecadação de impostos e com datas diferentes estavam entre o resto da correspondência. "Ótimo", pensei. "Eles devem ter finalmente respondido ao Don e nos encaixado em um plano de pagamento." Embora normalmente deixasse as contas para o

Don, eu me senti estranhamente levada a abrir aqueles envelopes em primeiro lugar.

Esperando por boas notícias, eu não estava preparada para o que li. Chocada, pensei: "Deve haver algum engano. Será que eles podem realmente fazer isso? Nós acabamos de ser arrasados pelo fogo." Pensando que deveria ser um engano, rapidamente abri um outro envelope com data mais recente. As mesmas palavras, porém mais exigentes. Eles estavam seqüestrando *cem por cento* dos nossos salários e congelando a nossa conta bancária.

"Como é que isso pode acontecer? Quando perdemos tudo no incêndio, o governo ainda vai nos impedir de pôr comida na mesa? Será que eles não percebem que estão tomando *tudo* o que temos?" Fiquei totalmente sem fôlego.

"Don, você precisa ver isso."

Fiquei ali, na mesa da cozinha, atônita, incapaz de raciocinar. Procurando por alguma coisa que pudesse ser um pouco mais agradável de ler, eu me voltei para a pilha de cartas e encontrei uma da minha filha, Kelley. Ela sempre fora minha alma gêmea. Eu me orgulhava do respeito permanente que tínhamos uma pela outra — como podíamos falar sobre qualquer coisa e partilhar os nossos segredos mais profundos. Eu sentia que o nosso não era apenas um relacionamento mãe-e-filha especial, mas um relacionamento notável. A visão da letra dela aqueceu o meu coração imediatamente, e fiz a maior confusão para abrir o envelope, sem conseguir abri-lo com a rapidez que eu pretendia.

Meu coração parou. As lágrimas explodiram nos meus olhos. As palavras dela me dilaceraram. Escreveu que, enquanto estávamos longe, ela tinha passado por algumas mudanças dramáticas e, olhando para trás, revendo sua vida, sentiu que eu e Don tínhamos exercido uma influência forte demais sobre ela. Realmente não queria ter nenhum contato conosco e não sabia quando volta-

196 A Jornada

ria a nos procurar. Ela não mandava nenhum número de telefone, nem endereço para resposta.

A carta dela tinha chegado tão "inesperadamente" — parecendo que tinha surgido do nada. Eu realmente não conseguia imaginar o que tínhamos feito ou dito — simplesmente não fazia o menor sentido. Tínhamos acabado de chegar em casa e, em cinco minutos, parecia que todo o nosso mundo estava desmoronando à nossa volta.

Dois dias mais tarde, não sabendo para onde nos voltar, sem dinheiro para pagar um advogado e não tendo a menor noção de quem procurar para resolver os problemas com os impostos, Don e eu permanecemos no nosso quarto. Havia uma sensação no ar de que tudo estava retesado, que estávamos pisando em terreno pouco firme. Debaixo daquela tensão, Don de repente pareceu enfurecer-se e inesperadamente berrou que eu precisava "cair na realidade" e "despertar" para o que estava acontecendo à minha volta — e não apenas na parte financeira. Eu não sabia que ele tinha se apaixonado por outra mulher? Será que eu ainda não tinha percebido isso?

Fiquei lá, de boca aberta, completamente atordoada. Até que imaginei que ele podia estar tendo um caso com alguém que ambos conhecíamos e murmurei: "Quem? ... O que você quer dizer com 'apaixonado por outra mulher?' ... Quem é ela?"

"Alguém que eu conheci no meu aniversário de 50 anos, em agosto. Estamos completamente apaixonados desde aquela ocasião."

Ainda atordoada e sem compreender direito, perguntei bobamente: "Vocês estão sexualmente envolvidos?"

Ele me lançou um olhar de "Preciso soletrar isso para você?", e disse: "O que você acha que eu quis dizer com 'completamente apaixonados'? Não é um caso de uma noite, Brandon. É sério. Eu até já falei em casamento com ela."

A Jornada 197

Eu estava muda, sem ação. Nunca tinha percebido qualquer sinal, qualquer pista do que quer que fosse. Eu era tão pouco desconfiada, tão confiante. Nós nos amávamos tanto. O nosso casamento parecia tão vivo. Não era uma relação morta e vazia como muitos casamentos que eu já tinha visto. Nós dois ainda nos chamávamos de "meu amor", e Don ainda tinha a capacidade de fazer meu coração disparar quando eu ouvia o ruído do seu carro. O nosso tinha sido um grande romance, um "amor lendário". Até mesmo o mestre espiritual na Índia tinha comentado sobre a raridade da devoção que tínhamos um pelo outro e como éramos um exemplo para outros casais. Eu sempre tinha nos imaginado de mãos dadas, juntos em cadeiras de balanço, ainda profundamente apaixonados, até morrermos.

Era a única coisa na vida da qual eu tinha certeza. Don e Brandon eram dois nomes gravados juntos na lápide. Isso tinha de ser um engano. As palavras não combinavam com o que eu sabia, no meu coração, que era verdade. As palavras não combinavam com o que eu sabia que era real — que ele me amava mais do que a própria vida, como eu em relação a ele.

A conversa prosseguiu em pormenores mundanos, enquanto ele me apontava todos os sinais que eu, estúpida e confiantemente, tinha deixado passar. Indo para a sala, parecia que o mundo inteiro, como eu o conhecia, estava desmoronando em torno de mim. Nada era o que parecia. Nada mais era certo ou real. Tudo o que eu imaginara que fosse a minha vida tinha sido atirado longe e não havia nada a que eu pudesse me apegar, nem um lugar para onde eu pudesse me voltar. Sentia-me em queda livre — queda livre no nada. Nem paredes às quais eu pudesse me agarrar, nem um chão onde pousar.

O tumor, o fogo, os impostos, a falta de dinheiro, o marido me abandonando, Kelly se afastando — será que ainda existia alguma coisa que eu julgara que fosse a minha vida que ainda poderia desaparecer? Era exatamente como ocorrera na Índia, quando senti que meu ego tinha sido aniquilado. Só que agora era a minha identidade no mundo como eu a conhecera — mãe, esposa amada, modo de vida, até mesmo a minha capacidade de ganhar a vida — tinha sido arrancada de mim. Havia alguma coisa no mundo que fosse permanente?

Sentindo-me extremamente presente e agudamente consciente, fui até a cozinha pegar um copo d'água. Quando passei diante da porta da geladeira, uma citação que o nosso querido amigo Robbie tinha nos dado me chamou a atenção. As palavras me prenderam. Elas pareciam pular para fora da página: "Reconheça tudo o que lhe acontecer inesperadamente como uma dádiva de Deus, que certamente vai lhe servir se você usá-la inteiramente. Somente aquilo que você luta vindo da sua imaginação é que lhe causa problemas." Eu li a citação três vezes. As palavras calaram fundo em mim.

"RECONHEÇA TUDO O QUE LHE ACONTECER INESPERADAMENTE COMO UMA DÁDIVA DE DEUS, QUE CERTAMENTE VAI LHE SERVIR SE VOCÊ USÁ-LA INTEIRAMENTE. SOMENTE AQUILO QUE VOCÊ LUTA VINDO DA SUA IMAGINAÇÃO É QUE LHE CAUSA PROBLEMAS."

Olhei para elas, sabia que eram verdadeiras. Cada célula do meu corpo sabia que elas eram verdadeiras. A própria Verdade sabia que a Verdade estava falando. E embora eu não conhecesse o mistério do que estava acontecendo, tudo o que eu realmente poderia fazer era confiar em que de alguma forma haveria uma dádiva nele e que, se eu me utilizasse dele completamente, ele certamente iria me servir.

Uma vez mais, em meio à catástrofe, os sinais da Graça estavam falando em alto e bom som. O tempo parou. Tudo ficou em silêncio e uma resolução profunda brotou de dentro de mim; a resolução de *confiar* no que estivesse acontecendo, *fosse o que fosse*. Era uma decisão de reconhecer com certeza que tudo era de alguma forma uma dádiva de Deus e, embora eu não pudesse entender completamente o seu mistério, eu sabia que na hora certa a dádiva me seria revelada.

A resolução de confiar trouxe com ela a rendição. Na rendição, a presença do amor encheu o espaço físico e espalhou-se por tudo. Eu estava banhada nele, envolta por ele. Embora eu também saiba que ele é quem *eu sou*. Viva, cintilante, a presença do amor estava *em tudo* e não havia lugar para onde eu fosse que ela lá não estivesse.

A Fonte tinha estado me ensinando tão profundamente, usando a minha vida como sala de aula. Com o tumor: você não é o seu corpo. Com o fogo: você não é seus bens materiais. Com os impostos: você não é o seu dinheiro nem a sua capacidade de ganhar a vida. Com Kelley: você não é seus relacionamentos. Com Don: você não é nem o romance nem o casamento.

O corpo se definha e morre. Posses, relações, estilos de vida se vão; mas você é esse amor que está presente quando tudo o mais se foi. Amor eterno. O único amor *real*. A única coisa que não pode vir e não pode ir. Esse foi o *ente* querido a quem valeu a pena ser verdadeiro. Esse foi o único amor com quem valeu a pena se casar. Prometi que eu seria verdadeira a esse ente querido pelo resto da minha vida. Faria da minha vida uma prece infinita de gratidão na rendição a esse amor que estava presente quando todo o resto me abandonara.

Eu me lembrei da história "Pegadas":

Certa noite um homem teve um sonho.

Ele sonhou que estava andando na praia com o Senhor. No céu surgiam cenas da sua vida. Para cada cena, ele notava duas séries de pegadas na areia; uma pertencia a ele e a outra ao Senhor.

Quando a última cena da sua vida passou diante dele, olhou para trás para as pegadas na areia.

Ele percebeu que muitas vezes ao longo do caminho da sua vida havia apenas uma série de pegadas. Percebeu também que isso acontecia nos períodos mais tristes e melancólicos. Isso realmente o incomodou e ele interrogou o Senhor a esse respeito.

"O senhor me disse que, se eu me decidisse a segui-lo, me acompanharia durante todo o caminho, mas percebi que durante os períodos mais conturbados da minha vida há uma só série de pegadas. Não compreendo por que, quando eu mais precisei, o senhor me abandonou."

O Senhor respondeu: "Meu querido, meu filho querido, eu o amo e jamais deixaria você. Durante os momentos de provação e sofrimento, quando você vê somente uma série de pegadas, foi quando eu o carreguei."

Essa foi a primeira vez em que a história teve um significado real para mim. Naquele momento, um dos mais devastadores da minha vida, a Fonte estava lá, carregando-me, abraçando-me. *Não duas, apenas uma.*

Don me procurou mais tarde e me disse o que eu já sabia que era a verdade — que ele ainda me amava profundamente e que estava confuso. Nós tínhamos um antigo problema emocional que ainda não estava resolvido e que o estava perturbando muito. Ele também confessou sua confusão quanto ao romance com Karen e pediu que eu lhe desse tempo para que as coisas ficassem mais claras, que eu respeitasse os 20 anos de amor que tínhamos compartilhado.

Concordei e fiz um juramento secreto para mim mesma que, não importava o que fosse acontecer, não importava o quanto se mostrasse doloroso, eu não faria nada para macular ou sujar a sacralidade do amor que *tínhamos* dividido. Eu sabia que existia a possibilidade de ele ir embora e decidi que não deixaria que 20 anos de um "amor lendário" fossem desfigurados pelo luto e pela

A Jornada 201

dor que necessariamente ocorreriam. Eu deixaria que o luto fosse luto e que 20 anos de beleza permanecessem 20 anos de beleza.

Ao mesmo tempo, também prometi a mim mesma que não começaria a telefonar para os amigos e parentes a fim de falar dos meus problemas, carregando-os para dentro do meu drama com a desculpa de "precisar desabafar". Para mim era um momento sagrado, um momento precioso, e eu não queria atrair o julgamento nem a dor projetada de ninguém mais para serem despejados naquele que era um momento de muito aprendizado e de total reconhecimento do que era o amor *verdadeiro*.

Assim, guardei isso para mim, permanecendo presente dia a dia para qualquer emoção que viesse e fosse embora nesse vasto oceano de amor que estava onipresente. O amor estava lá estivesse eu acordada, dormindo, enquanto eu comia — ele não me abandonaria nem eu o abandonaria. E mesmo que todo o drama da vida continuasse em seus caminhos turbulentos, ainda assim eu me banharia na presença do amor puro.

Parecia que esse amor não era afetado por nenhuma emoção ou por qualquer acontecimento. Era como repousar num oceano de amor em que todo o drama dos peixes estivesse ocorrendo e ainda assim o oceano permanecesse intacto.

Don prometeu que seria aberto comigo e que me contaria o que estivesse realmente acontecendo em seu coração. E embora fosse doloroso permanecer "aberta", enquanto eu olhava o meu marido de 20 anos mantendo um romance a longa distância na minha presença, pelo menos havia a força de sermos absolutamente honestos um com o outro. Don era o meu melhor amigo e eu sabia que era o único com quem eu podia contar para me ajudar naqueles momentos tão difíceis.

Don foi viajar a negócios e Karen juntou-se a ele enquanto ele estava lá. No primeiro telefonema, ele falou abertamente sobre seus sentimentos — o que estava acontecendo com ele. Ainda

202 A Jornada

não tinha certeza do que aquilo significava ou aonde ia levá-lo. Estranhamente, eu me senti consolada por sua honestidade, sentindo que enquanto mantivéssemos a nossa comunicação aberta e limpa, haveria verdade naquilo que estava acontecendo.

Entretanto, quando estava terminando o fim de semana, quando eu liguei para ele, pude sentir muito claramente uma mudança em sua voz. Caíra um véu e a pura verdade já não estava ali. Fora do oceano de quietude em que eu repousava, uma grande onda de raiva começou a se levantar. Era diferente de qualquer coisa que eu já experimentara. A força desse sentimento era quase esmagadora, e conforme eu prestava atenção no seu tom de voz encoberto, tudo em mim se enfurecia: "ISSO NÃO ESTÁ CERTO!"

A ira era enorme, e ainda assim parecia estranhamente impessoal. Não parecia nem mesmo que fosse "eu" quem estivesse enfurecida, mas que a Verdade estivesse se sentindo assim e tivesse uma força vital dela mesma. Parecia que tinha sido dada voz à Verdade e que, como um vulcão, ela explodiria sem qualquer simulação ou sutileza. Tenho certeza de que foi a primeira vez em nosso casamento que Don experimentou qualquer coisa semelhante. Certamente foi a primeira vez para mim. Desliguei o telefone e pude sentir a força da ira crescendo, como se um vulcão estivesse pronto para explodir.

Ainda apoiada na Fonte, eu me sentei na minha almofada de meditação. As palavras *Isso não está certo* explodiram da minha boca. Pensei comigo mesma que eu tinha tido aquele tumor porque não fora capaz de ficar presente e encarar o que estava acontecendo. Então, naquele momento, eu *não* iria reprimir o sentimento. Eu não iria criar um outro tumor. Eu me sentaria ali e me deixaria sentir toda aquela ira. Não fugiria, estaria totalmente presente.

De repente, comecei a sentir uma dor na base da coluna e na virilha. Quando me sentei, senti a raiva se transformar em uma

A Jornada 203

chama branca, quente e flamejante que começou a arder por todo o meu corpo. Subiu da minha barriga para o estômago, deixando-me vermelha e suando no rastro do seu fogo. Continuou a subir pelo meu peito e pela minha garganta e finalmente pareceu sair pelo topo da minha cabeça.

A chama branca tinha purificado o meu corpo, e eu fiquei sentada lá suando, brilhando na Liberdade e numa profunda tranqüilidade. Então surgiu uma segunda onda de emoção; um sentimento de dor e perda diferente de qualquer coisa que eu jamais experimentara. Mais uma vez, permaneci presente e me deixei sentir a totalidade do que tinha para sentir. Eu estava dobrada em dois de dor. Ela também foi seguida pela calma e, então, a próxima onda de dor chegou; angustiada eu me vi encolhida na posição fetal enquanto ela passava pelo meu corpo. Depois, novamente, o silêncio. A próxima onda veio. Todas as emoções imagináveis arderam em seu caminho pelo meu corpo.

O processo durou seis dias. Perdi quase cinco quilos. No final, eu me sentia lavada. O sentimento de dor e de perda tinha se esgotado completa e absolutamente em apenas seis dias. Eu não sabia que só o fato de deixar que a emoção pura e simples passasse pelo meu corpo pudesse ser um processo tão doloroso, mas o que eu aprendi foi que se estiver completamente presente para ela, se a receber, *não haverá dor* — não importa o quanto seja profunda — *que não acabe em seis dias.* Fiquei num estado de paz que está comigo até hoje.

Tempos depois soube que se diz nos círculos espiritualistas que se você estiver totalmente presente para o luto toda a dor terminará num período de cinco a sete dias. Não há *pesar* tão grande que precise durar mais tempo do que esse. O pesar se prolonga porque nós não o deixamos vir à tona completamente ou, pior ainda, porque o esticamos ao acreditar nas regras da sociedade que determinam que precisa durar mais.

204   A Jornada

Tudo isso tinha acontecido, e ainda assim a presença de amor que eu sentia permanecia completamente inabalada. Mesmo na mais profunda angústia, o amor estava lá. Era como se o corpo precisasse passar por esse profundo e poderoso processo de liberação, embora eu estivesse identificada com o amor. O amor permaneceu quando tudo o mais foi embora.

E assim continuou pelos meses seguintes; o amor presente, enquanto o drama da vida seguia adiante. Finalmente, chegou um momento em que eu disse a Don: "Você precisa se decidir. Eu me sujeito a qualquer decisão que você tomar. Eu quero apenas algum lugar para onde dirigir a minha vida. Se é para ficarmos casados, por favor, deixe-me dar minha vida para isso, ou se for para eu ficar sozinha, então por favor deixe que eu encaminhe minha vida para isso; mas, por favor, me dê um lugar onde eu possa me render."

Ele disse que precisava de tempo para ficar em silêncio e realmente enxergar as coisas com clareza, já que eu o estava forçando a tomar uma decisão antes que estivesse realmente pronto. Ele estava indo para um seminário no Havaí e prometeu que, enquanto estivesse lá, ficaria tranqüilo e chegaria a uma decisão.

A caminho da porta, eu olhei em seus olhos doloridos. Estava claro que aquela era a situação mais difícil por que passara na vida, e ele disse baixinho: "Sei que parece bobagem, mas subjacente a tudo isso, tenho sentido insistentemente que estou fazendo isso por você. Não sei o que quero dizer com essas palavras, mas é o que está vindo à tona para mim."

Respondi que talvez ele estivesse certo, e quando ele fechou a porta alguma coisa dentro de mim disse que aquilo era verdade. Eu não sabia como, mas *sabia* que era verdade.

Enquanto Don estava no Havaí, continuei a me apoiar na consciência, a vida ainda acontecendo em um banho de amor. Eu tinha percebido que desde o dia do "Isso não está certo", eu tinha

A Jornada 205

um sentimento incômodo me roendo por dentro. Todas as manhãs, assim que eu me levantava, sentia meu abdômen se revolver. Quando eu finalmente me perguntei: "O que é que estou sentindo de verdade?", internamente eu ouvi simplesmente a palavra "traição". A sensação de pesar, perda e dor tinham acabado completamente, mas o sentimento de ser traída ainda me assombrava.

Assim eu decidi que era hora de telefonar para a minha amiga mais chegada, Vicki, e finalmente contar-lhe tudo o que estava acontecendo. Eu sabia que precisava de um processo de Jornada Emocional "de longa duração", e eu ainda estava "presa" ao problema da traição, por isso esperava que ela estivesse disposta a me ajudar.

Quando ouviu o que lhe contei, ela me disse: "Claro, Brandon. Venha hoje mesmo. Traga o roteiro da Jornada Emocional, já que eu estou um pouco enferrujada. Faz algum tempo que não pratico, e esse problema é muito grande."

Quando nos sentamos para passar pelo processo, o meu ventre começou a se agitar, como sempre acontece na hora em que vou começar um dos processos de A Jornada. Eu realmente não sabia o que iria encontrar. Eu tinha permanecido tão presente, sem fugir de nenhuma das minhas emoções, e não conseguia imaginar por que esse sentimento em particular não parava de me incomodar.

A minha travessia pelas camadas não demorou quase nada e quando chegamos à fogueira do acampamento Vicki disse: "Como isso é um problema atual, será que você aos sete anos precisa mesmo falar com Don? A menina de sete anos nem mesmo conhecia o Don."

"Não sei. Ela deve estar aqui por algum motivo. Mal, acho que não vai fazer." Eu estava realmente surpresa: não era o meu eu atual que se sentia traído! Era o meu eu *mais jovem* que estava tão perturbado. Eu tinha jurado a mim mesma quando tinha sete

206 A Jornada

anos que um dia eu me casaria com o meu "Príncipe Encantado" e ficaríamos loucamente apaixonados e viveríamos felizes para sempre, mesmo depois de morrermos. O meu eu criança ficou arrasado porque o seu romance extraído dos livros de história tinha sido despedaçado.

Uma profunda sensação de desilusão e perda surgiu quando ela se rendeu à verdade de que o romance tinha acabado. O meu eu criança chorou e disse alguma coisa totalmente inesperada: "Fui eu que traí a mim mesma. Acreditei que os contos de fada pudessem se tornar realidade e odiei você por me provar que eu estava errada, quando, na verdade, fui eu quem inventou a história. Fui eu quem se instalou e ficou vivendo num conto de fadas."

Quando ela perdoou, eu soube que o romance extraído dos livros finalmente tinha terminado. Me encontrei na presença de uma doce e terna realidade. Pensei: "Não é incrível? Aqui estou eu, neste oceano de amor e ainda precisando resolver esse velho problema. Obrigada meu Deus pelo processo da Jornada!" Quando acabei, eu me sentia total e absolutamente livre e permaneço assim desde aquela ocasião.

Até hoje, Don e eu somos grandes amigos. No fim, ele resolveu se casar com Karen, e eu fiquei livre para começar a minha vida de outra forma, só que dessa vez eu tinha finalmente aprendido o que a Fonte estivera tentando me ensinar — nada que você faça pode lhe dar este amor. Nenhuma carreira consegue dá-lo a você; nenhum volume de serviço pode fazer você conhecê-lo; nenhum amante, companheiro ou parente pode fazer com que ele aconteça; nenhuma casa, carro ou bens materiais pode comprá-lo para você. Nada nem ninguém pode dá-lo a você, porque ele é quem você já é. Você é o amor que tem procurado.

Ficou claro que Don estava certo, eu não percebera que seria ele quem faria a minha prece mais profunda, feita do fundo do coração, tornar-se realidade. Dez anos antes de toda essa história

A Jornada 207

começar, eu freqüentara um seminário de Tony Robbins em que eu descobrira o objetivo da minha vida. Esse objetivo eu guardei na memória, gravei no meu coração e fiz o melhor que pude para vivê-lo todos os dias. Ele diz: "O objetivo da minha vida é ser pura alegria e me ajudar e aos outros a descobrir nossa grandeza — nossos eus divinos."

Todos os dias eu manifestava essa intenção, e naquele momento finalmente a minha prece tinha sido atendida — finalmente se tornara realidade. Eu tinha descoberto o que era a *verdadeira* alegria e finalmente revelara o que era a verdadeira grandeza, o eu divino. Don fora apenas um simples veículo usado para dar uma resposta à minha prece.

Precisei descobrir por mim mesma tanto o que o amor *é* quanto o que ele *não* é, a fim de revelar a verdadeira grandeza. O que eu não percebi é que ele me deixou livre para fazer o que estou aqui para realizar, já que desde a sua partida finalmente fui capaz de colocar toda a minha vida a serviço da Verdade.

Grande parte da minha energia e devoção voltava-se para Don e sua carreira. A partir daquele momento eu estava livre para colocar todo o meu amor a serviço da humanidade para o seu despertar para a Liberdade e o amor, que é o que realmente somos. Hoje estou sentada aqui, escrevendo este livro, porque finalmente estou livre para fazer o que tem sido o desejo do fundo do meu coração. Estou vivendo o objetivo da minha alma.

Kelley finalmente entrou em contato comigo um ano mais tarde e foi ao seu primeiro seminário de Jornada em Londres. Houve muitas lágrimas de alegria e pela renovação do nosso amor; um ano depois tive o privilégio de estar ao seu lado quando ela deu à luz nossa linda neta, Claire Grace.

Desde então tenho viajado pelo mundo, dando *workshops* de A Jornada. À medida que a Jornada foi crescendo, descobri a necessidade de arranjar um sócio. Com o passar do tempo, muito lenta e docemente, brotou um romance entre nós. Kevin e eu nos casamos em Maui, em janeiro de 1998.

O compromisso dele em servir a Verdade é igual ao meu, e juntos estamos profundamente conscientes de que o amor não pode ser dado nem recebido — ele é o que você é. Além disso, é uma grande alegria celebrar a vida juntos nesse oceano de amor.

Em última análise, a vida é a *verdadeira* jornada.

29

Ferramentas

Nota Importante

Você *precisa* ter lido este livro antes de começar a trabalhar o processo. É *essencial* que você *entenda completamente o trabalho* e tenha ouvido diversas experiências e aprendido os vários aspectos dele *antes de começar o seu próprio processo.*

Instruções Gerais para Trabalhar o Processo

Como você sabe, os processos podem ser muito eficientes para abrir o coração, por isso é importante que você respeite o seu próprio processo, reservando pelo menos duas horas de tempo, sem interrupções, em um ambiente calmo e acolhedor. Desligue os telefones e crie um "espaço sagrado" para você e seu parceiro.

É melhor trabalhar com alguém que já tenha lido este livro, que tanto lhe sirva de apoio no trabalho quanto se sinta comprometido a servi-lo em seu processo. Ambos podem se familiarizar

210 A Jornada

com o processo lendo-o algumas vezes, só assim não surgirão surpresas na fraseologia ou no conteúdo.

Recomendo, então, que comece fazendo uma prece silenciosa ou concentrando-se numa intenção, vendo você e seu parceiro como já completos; comprometendo-se a permanecer receptivo como uma criança, com uma postura honesta e confiante tanto em relação a você quanto ao processo. Comprometa-se também a apoiar o seu parceiro com o mesmo amor e respeito. Sente-se então em silêncio na presença da quietude por alguns minutos.

Instruções para a Jornada Emocional

Para começar, leia e siga as Instruções Gerais. Você vai precisar copiar os Registros em uma folha avulsa e ter uma caneta à mão.

Na Jornada Emocional, à medida que você for atravessando as camadas, é essencial que **permaneça fora da história** — fora de seus pensamentos analíticos — e concentre toda sua atenção em **sentir a emoção pura e simples *em seu corpo*.**

Apenas sinta completamente o sentimento, dê nome a ele e passe para o próximo. Sinta-o completamente, cruamente, intensamente e caia no próximo sentimento. Você passará de um sentimento para o seguinte, até finalmente ter a experiência da Fonte.

Este *não* é um processo destinado a ouvir sua conversa mental e analisar por que você está sentindo o que está sentindo. É simplesmente um processo de ir caindo e atravessando as camadas emocionais, como se estivesse descascando uma cebola, tirando camada por camada até chegar ao âmago do seu ser, à Fonte.

No alto das folhas, as instruções orientam para que faça uma pausa todas as vezes em que houver "..." e deixe ao seu parceiro tempo "suficiente" para apreender a resposta à sua pergunta.

A Jornada 211

Tempo suficiente pode ser 10 a 15 segundos para alguns, ou 45 segundos a um minuto para outros.

O que é preciso entender é que o objetivo do processo é sentir as emoções fortemente e, depois de experimentar cada uma em sua totalidade, na mesma hora passar para a camada seguinte. Não é necessário, nem é uma boa idéia, ficar chafurdando na emoção em cada um dos níveis. Nem é aconselhável descrever em detalhes e contar uma história a respeito dela.

Para ter acesso às emoções, em vez de consultar os seus pensamentos, apenas explore o seu corpo e descubra onde a emoção é sentida com mais força. Pode começar com uma sensação sutil. Conforme você dirigir sua atenção para ela, peça-lhe para que fique mais intensa. Disponha-se a sentir o poder dela. Conserve sua atenção voltada para a emoção dentro do seu corpo.

Então, muito simplesmente, sinta-a e caia; sinta-a e caia.

Em algum momento você pode se sentir destituído de emoções. Você pode descrever esse estado como um entorpecimento ou uma confusão, ou um "não sei nada", ou um buraco negro ou um vácuo, ou um nada, ou mesmo um sentimento de estar "encalhado".

Isso faz parte do processo. *Todos* **passam por essa camada "desconhecida". Eu a chamo de "zona desconhecida". Ela é a passagem para a Fonte.**

Quando o seu parceiro diz alguma dessas palavras, saiba que é apenas uma outra camada de sentimento. Incentive-o a senti-lo completamente, *relaxar* e cair.

Se achar que ele está em luta com o buraco negro, o vácuo, o nada, então vá para as páginas de Solução de Problemas. Elas lhe darão instruções úteis sobre como ajudar alguém que está com medo da "zona desconhecida" ou oferecendo resistência a ela. Elas vão ajudá-lo a passar por ela com mais facilidade. Como o

212 A Jornada

seu parceiro também terá lido este livro, ele vai reconhecer onde ele está quando você lembrá-lo.

É natural ter medo do desconhecido, por isso, para relaxá-lo, não deixe de reafirmar ao seu parceiro que ele está indo bem, e gradativamente uma grande sensação de alívio vai lhe tomar conta.

É importante continuar a levá-lo através das camadas restantes até que atinja a Fonte. Você vai saber quando ele tiver chegado à Fonte quando ele se sentir *muito vasto* — como uma presença que está tanto dentro como fora do corpo — *em todo lugar.*

Este é um ponto muito importante para entender, porque muitas vezes depois de cair atravessando a "zona desconhecida", o seu parceiro vai começar usando palavras relativas à Fonte, como amor, paz, risada, alegria, luz, contentamento, liberdade, *mas* ele ainda pode sentir que está localizado *dentro* do corpo.

É quando o sentimento se torna muito expansivo, espaçoso — como se ele fosse um com tudo, ou fazendo parte do todo, que se dá a verdadeira realização da Fonte. Quando ele é vasto, passa de simples emoção para pura consciência.

Assim que seu parceiro sentir essa imensa vastidão, pode deixá-lo ficar ali por uns 30 segundos. Então siga o roteiro, levando a Fonte para cima, atravessando as camadas, uma a uma.

Você vai encontrar o asterisco (*) marcando onde as pessoas apareceram em primeiro lugar. Este será o seu Nível da Fogueira. Se ninguém aparecer durante o trajeto das camadas, então escolha a emoção mais forte que apareceu antes da "zona desconhecida" (excluindo o nível de partida). Você pode começar o processo da Fogueira de Acampamento ali.

Assim que estiver junto à fogueira, certifique-se de que seu parceiro está dizendo o que *realmente* precisa ser dito. A fogueira de acampamento está ali, portanto o seu eu mais jovem pode esvaziar-se completamente de todas as emoções que foram sentidas, mas que no momento não foram expressadas normalmente. Por isso tenha a certeza de que tudo o que *precisa* ser dito seja falado em alto e bom som. É essencial que o seu eu jovem tire tudo o que lhe pesa no peito.

Assim que seu parceiro se sentir vazio e completo, então você pode perguntar se ele está pronto para perdoar. Para que perdoe *verdadeiramente*, a pessoa precisa realmente estar vazia.

Se, por alguma razão, ele sentir que não está pronto para perdoar, então pergunte ao mentor: "**O que é preciso acontecer a fim de perdoar?**" Normalmente, o mentor, sendo uma sabedoria mais elevada, dará a resposta que for apropriada para aquela pessoa. Muitas vezes, é apenas o seu eu mais jovem que não conseguiu arrancar tudo do peito e precisa dizer mais algumas coisas.

O mentor está ali para ajudá-lo com qualquer dúvida que possa surgir. A sabedoria pessoal do seu parceiro *sabe* exatamente o que precisa acontecer. **Por isso, quando estiver em dúvida, chame pelo mentor.**

Quando tiver terminado a parte da fogueira de acampamento, você vai passar para a Integração Futura com seu parceiro. Não precisa escrever tudo. Basta ler. É a maneira de você verificar com seu parceiro que a cura vai continuar a evoluir com o passar do tempo. Por volta de seis meses a um ano, quando muito, ele estará se sentindo mais leve ou mais calmo com relação ao problema emocional com que começaram a Jornada. Não é necessário que ele realmente "veja" o futuro, apenas que o perceba ou sinta.

Se por alguma razão ele der a impressão de não estar sentindo nenhuma mudança, normalmente isso é um indício de que alguma coisa não foi concluída na fogueira de acampamento. Isso não é um problema. Apenas leve-o diretamente lá e pergunte ao mentor o que mais é preciso ser dito para concluir. Falando de modo geral, quando o perdão está "totalmente concluído", o problema irá desaparecer. Quando tiver terminado a fogueira de acampamento, volte para a Integração Futura.

Quando tudo estiver concluído, dê ao seu parceiro uma folha de papel e uma caneta e deixe-o escrever a Carta para Ele Mesmo, levando o tempo que precisar. Você pode ir buscar um copo de água ou uma xícara de chá para ele e sugerir-lhe que mantenha a carta em algum lugar bem visível, onde possa lê-la todos os dias.

Então, se quiser, esse é o momento de inverterem os papéis.

Quando os dois tiverem concluído, é bom reservar um tempo para deixar o trabalho se integrar. Tome um banho quente, um prato de sopa quente e tire um cochilo ou descanse.

Algumas vezes, depois de concluir o processo, você pode se sentir um pouco sensível ou vulnerável, até mesmo um pouco desorientado por um curto espaço de tempo — conforme a cura começa a se realizar dentro do corpo. É importante perceber que isso é um *sinal positivo* que a cura está se realizando.

Se você se sentir realmente desorientado ou um pouco tonto, é melhor não guiar ou fazer qualquer coisa cansativa ou que requeira concentração. Dê a si mesmo algum tempo para retornar completamente às suas atividades.

Muitas vezes pode acontecer que, no correr dos dias seguintes, fragmentos de lembranças venham à tona, ou mesmo emoções fortes podem parecer surgir do nada. Isso é maravilhoso! Saiba que isso é apenas o resíduo tóxico emocional que continua a se movimentar e deixe que ele flua através de você. É um sinal de que a cura continua. Se aparecerem emoções fortes, deixe que elas surjam, fluam e desapareçam. Trate-as da mesma forma que faria se a toxicidade fosse física. Se você estivesse vomitando alguma coisa tóxica que tivesse comido, não iria separá-la, analisá-la e tentar ingeri-la novamente, iria?

Da mesma forma, se velhas emoções surgirem, não toque nelas. Deixe-as aparecer e deixe-as partir. Sempre sugiro nos seminários que você apenas **"Pare, respire e permaneça presente"** diante de qualquer emoção — e ela vai fluir e desaparecer.

Respeite a você e ao seu processo e deixe que seu corpo se cure no seu próprio ritmo. Confie em si mesmo e no processo. Ele já ajudou milhares de pessoas a se libertarem de desafios emocionais de longa data.

Nota Importante

De forma alguma atravessar as camadas emocionais irá prejudicar você ou o seu parceiro. O pior (ou melhor) que pode acontecer é que seu parceiro realmente sinta as fortes emoções que estão represadas no corpo dele. Mesmo se você parar no meio do caminho, tudo o que pode acontecer é que o seu parceiro abra os olhos, tendo experimentado algumas emoções fortes — isso é tudo!

Todas as emoções puras simplesmente vêm e vão. A única coisa que faz uma emoção *ficar* é contar a si mesma uma história sobre ela, ou perder tempo analisando-a, ou ouvindo a tagarelice repetitiva da sua mente.

Nenhuma emoção pode durar mais do que alguns instantes se você for verdadeiramente autêntico. Você já prestou atenção nos bebês? Num instante eles estão chorando, então alguém os balança um pouco e no momento seguinte eles já estão rindo e fazendo barulhinhos engraçados com a boca. Eles não sentem necessidade de se prender na emoção anterior a fim de se mostrarem coerentes. Não precisam provar a si mesmos o quanto aquela emoção era importante e significativa. Eles apenas a sentem e passam para o instante seguinte.

Assim, saiba que está perfeitamente a salvo atravessando os níveis — não importa qual a emoção, não importa a intensidade dela. Se você for realmente verdadeiro, ela virá e irá embora.

Algumas pessoas dizem: "Tenho medo de mexer numa casa de marimbondos." O único risco é ficar ouvindo a tagarelice da sua mente impingindo-lhe uma história sobre suas emoções. As emo-

216 A Jornada

ções, em si mesmas, são saudáveis. Ser capaz de sentir é parte saudável e natural do ser humano. O que não é natural é ouvir a análise da sua mente, acusando e inventando histórias sobre as emoções. Saiba, portanto, que sentir emoções é saudável. Diante de qualquer emoção, pare, respire e esteja presente. Ela virá e irá embora.

Instruções para a
Jornada Física

Comece lendo as Instruções Gerais assim como as instruções para a Jornada Emocional. Então leia as folhas da Jornada Física diversas vezes para voltar a se familiarizar com o processo.

É preferível usar a Jornada Física somente *depois* que alguém já passou pela Jornada Emocional, porque se supõe que o seu parceiro já teve uma experiência direta pessoal com a Fonte.

A Jornada Física pode fluir muito facilmente e pode ser lida quase como um conto de fadas ou uma meditação orientada. Lembre-se de levar o tempo que for preciso e ser delicado enquanto lê esse processo. Faça uma pausa todas as vezes em que houver "...".

Pode enfatizar ligeiramente certas palavras que estão em letra maiúscula, e é muito útil respirar no mesmo ritmo que o seu parceiro. É melhor falar num tom suave enquanto o guia ao longo do processo.

Algumas pessoas não conseguem visualizar bem. Não tem importância. Basta captar o sentido ou o conhecimento sobre o que está lá dentro. Algumas pessoas conseguem enxergar precisamente figuras anatômicas, enquanto outras vêem imagens mais metafóricas. Algumas podem não enxergar nada e sentirão apenas a textura ou terão somente o conhecimento do que está lá. Outras ouvem palavras descrevendo o que existe internamente.

Cada pessoa é uma pessoa, assim deixe o seu parceiro fazer a descoberta que será única e exclusivamente dele.

Quando chegar ao processo de Mudança de Lembrança, vai perceber que estará pedindo ao seu parceiro para propor alguns "balões cheios de recursos". Muitas vezes quando o seu parceiro estiver imerso no processo, ele pode se sentir tão "mergulhado" que não consegue imediatamente propor qualquer recurso emocional. A essa altura seria bom oferecer a ele algumas sugestões. Use o seu bom senso e confie em que será capaz de fazer algumas sugestões úteis. Há alguns recursos emocionais que eu quase sempre uso: autovalorização, criatividade na comunicação, sabedoria, Fonte, despreocupação, senso de humor, a capacidade de ir adiante, a habilidade de tomar a atitude certa, a capacidade de pedir ajuda, amor-próprio, autoconfiança e uma redoma de cristal que o protege das emoções negativas alheias. Alguns desses recursos podem ser úteis em seu próprio processo.

O processo da fogueira de acampamento é semelhante ao da Jornada Emocional, por isso, por favor, leia as instruções cuidadosamente antes de começar o processo.

Quando tiver terminado, certifique-se de dar bastante tempo ao seu parceiro para olhar a mudança dentro do próprio corpo. Pode ser uma experiência extraordinária e maravilhosa.

Por último, confie em si mesmo e no processo. É uma aventura incrível.

Instruções para Trabalho com Crianças

Comece lendo todas as instruções anteriores.

Quando estiver trabalhando com crianças até 14 anos de idade, eu sugiro enfaticamente que use apenas a Jornada Física. Para

218 A Jornada

a maior parte das crianças, será como a leitura de um conto de fadas e parecerá divertido fazê-lo.

Antes de começar, seria bom discutir com seu filho as diversas qualidades que os heróis têm — qualidades como amor, compaixão, força interior, senso de humor, capacidade de expressar-se, honestidade. Dessa maneira a criança vai estar consciente dos possíveis recursos interiores antes do processo começar.

Ao trabalhar com crianças, é importante ter consciência de que elas têm um acesso muito rápido às aptidões criativas e imaginativas e podem ultrapassar o seu ritmo durante o processo. Elas podem correr escada abaixo, pular na nave espacial e chegar em algum lugar dentro do corpo antes que você tenha acabado de falar. Por isso, por favor, assegure-se de ir no ritmo delas!

No trabalho com crianças, sempre pedimos que apareça um herói em vez de um mentor, já que todas as crianças sabem o que é um herói e confiam em sua força e sabedoria.

As crianças podem ter imagens muito vívidas de como é dentro do corpo. É uma delícia dar-lhes tempo para que descrevam tudo em detalhes.

No processo de Mudança de Lembrança, por favor, sinta-se livre para sugerir alguns recursos interiores que possam ser úteis para colocar nos balões. Da mesma forma, o seu filho vai se lembrar das qualidades de um herói sobre as quais vocês tinham conversado antes do processo, assim ele também pode querer escolher alguns desses.

Quando chega a vez do perdão, muitas crianças pequenas não sabem ainda o que a palavra significa, por isso você pode encorajá-la a dizer: "me desculpe — está tudo bem", e então acrescentar: "Eu perdôo você", se elas entenderem o sentido da frase.

Quando acabarem a fogueira de acampamento, dê às crianças um tempo extra para ver como as coisas estão mudando e se transformando em seus corpos. Elas adoram essa parte e são muito descritivas.

Normalmente, quando isso acaba, elas ficam impacientes para entrar na nave espacial e voltar diretamente para a porta e muitas vezes *correm* escada acima. Mais uma vez, deixe que sigam em seu próprio ritmo.

A maioria das Jornadas Físicas de crianças dura somente de 11 a 18 minutos, já que elas são rápidas para captar o processo, acham fácil perdoar, são rápidas para se livrar de problemas antigos e ficam ansiosas por terminar. Por favor, seja sensível ao ritmo em que sua criança quer seguir.

Confie na criança e no processo. As crianças normalmente o adoram e muitas vezes gostam de desenhar como se sentiram "antes" e "depois".

30

Folhas do Processo

A Jornada Emocional — Visão Geral

❖ Lembre-se de IR COM CALMA — dê ao seu parceiro a oportunidade de identificar e sentir completamente o sentimento antes de prosseguir.
❖ CONFIE em que seja o que for que o seu parceiro diga está CORRETO.
❖ Acima de tudo CONFIE EM SI MESMO E NO PROCESSO.

O objetivo é cair atravessando todos os níveis até chegar à Fonte do nosso Ser e então trazer a Fonte de volta para cima passando por todos os níveis e iluminando-os.

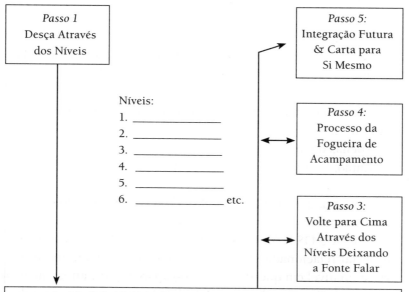

O Processo da Jornada Emocional

> Leia devagar e cuidadosamente. Faça uma pausa todas as vezes em que aparecer "..." e dê ao seu parceiro tempo suficiente para sentir completamente a emoção pura e crua.

Comece perguntando qual é o problema emocional do seu parceiro. Escreva em folhas separadas que você preparou para acompanhar a que está neste livro (p. 230).

1. Diga:

"Sinta completamente a emoção..."

"Onde você a sente em seu corpo? ..."

"Respire na emoção... sinta-a completamente ...
deixe-se senti-la com mais intensidade ...""

> Garanta a ele tempo suficiente para sentir COMPLETAMENTE a emoção, mas não deixe que ele fique chafurdando nela — assim que ele a tiver sentido, SIGA ADIANTE.

"Permaneça aberto, pergunte a si mesmo ... O que está debaixo disso? ..."

"Apenas deixe-se cair ..."

"Então, o que está sentindo? ... (pode não ser o que você espera)"

– Garanta que ele diga o NOME do novo sentimento –

> Em TODOS OS NÍVEIS pergunte "há alguma(s) pessoa(s) em especial relacionada(s) a esse sentimento?". Ponha um asterisco no nível em que a(s) pessoa(s) aparece(m) e anote quem está lá. Assim que ele tiver identificado uma pessoa, *pare de fazer essa pergunta* — agora você estabeleceu o nível da FOGUEIRA DE ACAMPAMENTO.

A Jornada

2. Continue caindo para o nível seguinte até chegar à Fonte. Deixe seu parceiro ficar aí durante 15 a 30 segundos.

A Fonte pode ter muitos nomes, mas será sem limites, e terá uma qualidade tão vasta quanto: Liberdade; Silêncio; Paz Ilimitada; Perpetuidade; Eternidade; Deus; Amor sem Limites; Consciência; Clareza; Vazio; Vastidão, etc.

---

3. **Diga, então:** "Conhecendo a si mesmo como essa vasta ausência de limites, essa quietude, esse amor puro, esse _____ (*Fonte da Pessoa*), se _____ (*Fonte*) tivesse alguma coisa a dizer para _____ (*último nível*), o que diria?"

   Espere até que ele responda...

   Então diga: "Deixe _____ (*Fonte*) fluir livremente através do _____ (*último nível*)."
4. Repita a pergunta 3, levando a Fonte dele para cima através de cada nível até chegar no nível da Fogueira de Acampamento (*o nível que você marcou com um asterisco*).
5. Comece o Processo da Fogueira de Acampamento (*ver a Folha do Processo da Fogueira de Acampamento mais adiante*). Quando tiver terminado prossiga para o nº 6.
6. *Depois* de completar o Processo da Fogueira de Acampamento, continue levando a Fonte dele para cima até os níveis finais, repetindo a pergunta 3 e deixando a energia da Fonte fluir através de cada nível até alcançar o nível original de partida.
7. Leia a Integração Futura em ritmo moderado. Não há necessidade de escrever nada (*ver a folha do Processo de Integração — p. 227*).
8. Dê papel e caneta para o seu parceiro para que ele escreva uma carta para si mesmo. Deixe que ele leve o tempo que

224   A Jornada

precisar para escrevê-la. Você deve continuar a mandar bênçãos SILENCIOSAS enquanto ele estiver escrevendo.

> 9. Com grande respeito e amor, cumprimentem-se por terem passado pela experiência deste processo. Você pode querer um pouco d'água. Permaneçam na energia e troquem de lugar.

A Jornada Emocional — Fogueira de Acampamento

> Leia devagar e cuidadosamente. Faça uma pausa todas as vezes em que aparecer "..." e dê ao seu parceiro tempo suficiente para sentir completamente a resposta à sua pergunta.

Imagine uma fogueira de acampamento ... cuja natureza é o silêncio eterno, o amor incondicional. Imagine o **seu eu mais jovem** sentado diante do fogo ...

Agora imagine o **seu eu atual** sentado diante do fogo ... Também está aí um **mentor** em cuja sabedoria divina você confia — pode ser alguém que você conheça ou gostaria de conhecer, um santo, um sábio, ou alguém produto da sua imaginação; alguém em cuja presença você se sinta seguro ... Agora traga até junto da fogueira as pessoas específicas que estão envolvidas com o seu problema ... quem mais precisa estar em volta desta fogueira? ... (*deixe que ele responda*).

Você consegue ver a fogueira? ... Consegue ver o **seu eu mais jovem**? ... O **seu eu atual**? ... O **mentor**? ... Quem mais está aí?... (*deixe que ele responda — escreva os nomes a fim de que possa se referir a eles especificamente, isto é, Mãe, Pai, Ente Querido, etc.*) Entre as pessoas envolvidas com o problema dele, peça ao **eu mais jovem** que diga o nome de UMA ou DUAS com quem gostaria de

A Jornada

falar ... (*se forem duas pessoas, pergunte: Com quem você gostaria de falar primeiro? ...*)

Faça todas as perguntas (de 1 a 11) para **cada** pessoa mencionada.

---

1. Agora todos estão sentados na presença protetora deste fogo de amor incondicional e aceitação. O **seu eu mais jovem** pode ter passado por muita dor no passado. Deixe o **seu eu mais jovem** falar agora sobre a dor que sentiu, dizendo o que precisa ser dito e deixando _____ (*Mãe, Pai, Ente Querido, etc.*) ouvir o que precisa ser ouvido ... (*pausa longa*).

2. Sabendo que _____ (*Mãe, Pai, Ente Querido, etc.*) provavelmente estava fazendo o melhor que podia com os recursos que tinha naquela ocasião, deixe que responda ... (*pausa para as respostas*).

3. O que o **seu eu mais jovem** responde a isso? ... (*continue até esgotar a emoção*).

4. Se _____ (*Mãe, Pai, Ente Querido, etc.*) tivesse de responder, não do plano da personalidade, mas do plano da alma, o que diria? ... (*deixe que responda*).

5. Como o **seu eu mais jovem** responde a isso? ... (*continue até esgotar a emoção*).

6. O **mentor** tem alguma coisa a acrescentar? ... (*deixe que responda*).

7. O que o **seu eu atual** tem a dizer para _____ (*Mãe, Pai, Ente Querido, etc.*)? ... (*continue até esgotar a emoção*).

8. O que _____ (*Mãe, Pai, Ente Querido, etc.*) responderia do plano da alma? ... (*deixe que responda*).

9. Alguém tem mais alguma coisa a acrescentar? ... (*continue a conversa até esgotar a emoção*).

226   A Jornada

10. Quando o **eu mais jovem** estiver pronto, pergunte: "Mesmo que o comportamento anterior dessa pessoa não fosse aceitável segundo **nenhum** padrão, e mesmo não aceitando de jeito nenhum aquele comportamento, você está disposto a perdoá-la **completa e absolutamente**, do fundo do seu coração?" ... (*deixe que responda*). Agora, vá em frente e perdoe ... (*deixe que perdoe*).

11. Quando o **eu atual** estiver pronto, pergunte: "Mesmo que o comportamento anterior dessa pessoa não fosse aceitável segundo **nenhum** padrão, e mesmo não aceitando de jeito nenhum aquele comportamento, você está disposto a perdoá-la **completa e absolutamente**, do fundo do seu coração?" ... (*espere pela resposta*). Agora, vá em frente e perdoe ... (*deixe que perdoe*).

> Agora repita o processo das perguntas 1 a 11 para a <u>segunda pessoa</u> que foi indicada, para que assim tudo seja dito e ouvido. Quando tiver terminado, continue, dizendo o seguinte:

Diga: Prossiga e perdoe a todos, enviando-lhes muitas bênçãos. Deixe que se fundam no fogo, que é a fonte de toda a vida ... Então vire-se para o **seu eu mais jovem** e diga: "Prometo a você que **nunca** mais terá que sentir essa dor antiga novamente. Eu o perdôo por qualquer dor que tenha causado, porque você simplesmente não tinha acesso aos recursos que eu tenho agora, e eu prometo que você pode ter acesso a eles sempre que quiser. Eu o amo e sempre vou protegê-lo." ... Então, abraçando o **seu eu mais jovem**, deixe-se fundir a ele, permitindo que o **seu eu mais jovem** cresça com este perdão interiorizado ... Dirija-se ao **mentor**, agradeça-lhe ... Agora, volte ao presente e continuaremos a subir atravessando os níveis restantes.

A **cada** nível restante, **pergunte:** "Conhecendo a si mesmo como essa vasta ausência de limites, essa quietude, esse amor puro, esse _____ (*Fonte da Pessoa*), se _____ (*Fonte*) tivesse alguma coisa a dizer para _____ (*último nível*), o que diria? ..."

Espere pela resposta...

Então diga: "Deixe _____ (*Fonte*) fluir livremente através do _____ (*último nível*)."

> Quando todos os níveis forem encerrados, siga para a Integração Futura (em seguida).

A Jornada Emocional — Processo de Integração

> Leia num ritmo moderado. Faça uma pausa curta sempre que houver "..." e deixe que o seu parceiro sinta o processo. Não precisa escrever nada.

"Tendo aprendido o que aprendeu, tendo sentido o que sentiu — veja a si mesmo daqui a um dia ... Como você se sente? ... Que tipo de coisas você está fazendo? ... Dizendo? ... Sentindo? ... Como se sente em relação a si mesmo? ...

"Agora se veja daqui a uma semana. Qual é a sua aparência? ... Que tipo de coisas está dizendo a si mesmo? ... Que tipo de atitudes está tomando? ... O que está sentindo?

"Agora se imagine daqui a um mês — como está se sentindo em seu corpo? ... Está se sentindo livre, confiante e leve? ... O que está dizendo a si mesmo? ... O que está fazendo? ... Como o seu

228 A Jornada

corpo está se sentindo? ... O que aconteceria se o seu antigo problema tentasse reaparecer? ... O que _____ (*Fonte*) diz a ele? ... Como você está lidando com ele?

"Agora veja a si mesmo daqui a seis meses — como está se sentindo? ... com relação a si mesmo ... à vida ... Você sabe que a essa altura 70 por cento das suas células são novas agora? ... Você está literalmente ficando novo por inteiro ... O que aconteceria se aquele antigo problema tentasse reaparecer? ... Como você está lidando com ele agora? ...

"Agora se imagine daqui a um ano — qual é a sua aparência? ... Como está se sentindo em relação a si mesmo? ... Você tem consciência de que nem só uma única molécula que estava aqui há um ano está aqui hoje — você é literalmente novo? ... Você consegue imaginar aquele velho problema tentando surgir novamente? ... Seria possível ele fazer isso? ... O que _____ (*Fonte*) diz? ... Ficou fácil lidar com esse problema, se é que ele ainda ocorre?

"Agora, imagine-se daqui a cinco anos — como está se sentindo? ... Alguma vez aquele velho comportamento surgiu novamente? ... Como é que o seu corpo está se sentindo? ... Como você se sente com relação à vida? ...

"Agora se veja daqui a dez anos — você se sente tão livre desse velho padrão que nem parece que tenha sido possível ou real? ... Como está lidando com tudo? ... Como se sente em relação a si mesmo e à sua vida? ...

"Agora, permanecendo em contato com o <u>seu futuro eu — com a Fonte de si mesmo daqui a dez anos</u> — que conselho daria ao seu eu atual? ... Que padrões de idéias o ajudariam mais agora?

... Que atitudes seriam mais úteis a você agora? ... Que coisas do dia-a-dia você poderia dizer e fazer para si mesmo? ...

"Com os olhos baixos — abra os olhos vagarosamente, <u>permanecendo em contato com o seu futuro eu.</u> Deixe que o seu futuro eu escreva uma carta ao seu eu presente, dando-lhe conselhos práticos sobre como você deve ser ... No que acreditar ... Que tipo de atitude tomar ... Que tipo de fisiologia é útil ... O que dizer a si mesmo ... O que dizer para as outras pessoas ... O que você pode fazer no dia-a-dia ... <u>Deixe que o seu eu futuro, livre e sábio, o guie agora!</u> Você pode abrir os olhos agora quando estiver pronto."

A Jornada Emocional — Carta Para Si Mesmo

Com os olhos baixos — abra os olhos vagarosamente, permanecendo em contato com o seu futuro eu. Deixe que o seu futuro eu escreva uma carta ao seu eu atual, dando-lhe conselhos práticos sobre como você deve ser ... no que acreditar ... o que você aprendeu que continuará a se desdobrar e a beneficiá-lo daqui para a frente ... que tipo de atitudes tomar ... que tipo de fisiologia é útil ... o que dizer a si mesmo ... o que dizer às outras pessoas ... o que você pode fazer no dia-a-dia.

Deixe que o seu futuro eu, livre e sábio, o guie agora!

Meu Querido Eu,

Folha de Registro da Jornada Emocional

Folha de registro para (Nome)

Em cada nível pergunte "Há alguma pessoa específica relacionada com este sentimento?"
Assim que aparecer alguém, marque um asterisco (*) no nível e PARE DE FAZER ESTA PERGUNTA.
Você agora estabeleceu o Nível da Fogueira de Acampamento

Emoção	Lugar do Corpo	O que a Fonte diz para cada nível no caminho de volta
→		←
→		←
→		←
→		←
→		←
→		←
→		←
→		←

FONTE: _____

A Jornada Emocional —
Solução de Problemas

1. ESTAR ENCALHADO

> *Se o seu parceiro diz que está encalhado (ou que "não sabe"), saiba que ficar "encalhado" (ou não saber) é apenas um outro nível.*

Diga:
ÓTIMO! Este é um padrão pelo qual você já passou antes.
Você já esteve aqui antes...
Sinta a emoção de estar encalhado (ou não saber) completamente ...
Respire nesse sentimento de estar encalhado (ou não saber) ...
Onde em seu corpo você está sentindo esta sensação de estar encalhado (ou de não saber)? ...
Em uma escala de 1 a 10, faça 100!
Imagino o que aconteceria se fosse para você sorrir e relaxar ao estar encalhado (ou não sabendo) ... Esta é a passagem para quem você realmente é.
O que está debaixo disso? ...
Permaneça aberto e curioso como uma criança — pode não ser exatamente o que você esperaria encontrar ...
Deixe-se cair através/ser guiado através ...

2. BURACO NEGRO/VÁCUO

> *Congratule-se e Comemore! Renove <u>sempre</u> a confiança, <u>nunca</u> aja errado! Diga:*

ÓTIMO! Você passou a vida inteira evitando este lugar!
Imagine o que aconteceria se fosse para você sorrir e relaxar dentro do Buraco Negro/Vácuo ...

232 A Jornada

Este é o lugar que você evitou durante toda a sua vida — agora você tem coragem de enfrentá-lo ...
Imagino o que é que está brilhando exatamente atrás da escuridão — o que é que está surgindo entre as rachaduras ou pelos buraquinhos? ... O que está se infiltrando na escuridão? ...
Preste muita atenção ao que está brilhando aí ...
Permaneça aberto e curioso como uma criança — pode não ser exatamente o que você esperaria encontrar ...
Então, depois de alguns segundos, diga:
O que está acontecendo no seu corpo agora? ...
O sentimento pode ser tão silencioso quanto um sussurro ...
Qual é <u>este</u> sentimento? ...

3. DIFICULDADE PARA SENTIR AS EMOÇÕES:

Se o seu parceiro está tendo DIFICULDADE PARA SENTIR AS EMOÇÕES e está FALANDO DEMAIS — faça-o PARAR a história — ele está na própria cabeça, não no corpo. Faça com que ele entre em sintonia e se concentre no que está <u>sentindo no corpo.</u>

Diga:
Intensifique o sentimento em seu corpo ...
Sinta-o completamente — em que ponto do seu corpo você o sente? ...
Respire para dentro deste sentimento ...
Este sentimento pode ser tão silencioso quanto um sussurro ...
O que está acontecendo com o seu corpo agora? ... Preste muita atenção — isso pode ser muito sutil ...
Qual é este sentimento? ...

<u>O MAIS IMPORTANTE, CONFIE EM SI MESMO E CONFIE NO PROCESSO</u>
<u>RELAXE, SORRIA E APROVEITE!</u>

Os 10 Passos para a Jornada Física

Leia devagar e cuidadosamente. Faça uma pausa todas as vezes em que aparecer "..." e dê ao seu parceiro *tempo suficiente* para sentir completamente a resposta à sua pergunta.

1) **Guie** o seu parceiro para a **Fonte**.
2) Faça um **Passeio de Nave** com um mentor na **Jornada de Descoberta**.
3) Ande em torno e **explore** a região.
4) **Descubra a emoção** e a **lembrança** ou pessoa associada a ela.
5) Guie o parceiro ao longo do **Processo da Lembrança**.
6) Guie o parceiro ao longo do **Processo da Fogueira de Acampamento**.
7) **Observe** como a região **mudou**.
8) Entre na **Nave** de volta para:
a) a entrada por onde começamos (para todos os processos do *workshop*).
b) uma parte diferente do corpo (não para os processos do *workshop*).
9) Se Viajar para uma parte diferente do corpo — repita os passos 2–8.
10) **Guie** o parceiro de volta para a **consciência desperta**.

Agradeça ao seu parceiro e conversem sobre suas experiências no processo. Levante-se, ande um pouco, beba um copo d'água e, então, invertam os papéis.

A Jornada Física — Ida à Fonte

> Leia devagar e cuidadosamente. Faça uma pausa todas as vezes em que aparecer "..." e dê ao seu parceiro *tempo suficiente* para sentir completamente a resposta à sua pergunta.

Ache uma posição confortável e, quando estiver pronto, pode fechar os olhos ... Ao se sentir sentado na cadeira ... e ao ouvir os sons do ambiente ... e ao sentir sua respiração num vaivém compassado, pode começar a se sentir RELAXADO ... E ao ouvir o som da minha voz e ao sentir suas costas apoiadas na cadeira ... e a cada inspiração, você pode começar a perceber que isso está FAZENDO você se sentir RELAXADO ... cada vez mais ... e mais ... e mais relaxado ... para dentro da sua Fonte.

Imagine na sua frente uma escada para baixo... ela tem 10 degraus ... Você consegue vê-la? ... ou senti-la? ... (*dê tempo para a resposta*) ... Muito bem ... Agora, no olho da sua mente, vá em frente e pise no degrau número 10, o degrau do topo da escada ... Agora pise no degrau seguinte — degrau 9 ... agora no 8 ... A cada passada que dá você vai sendo levado cada vez mais fundo e mais fundo dentro da sua Fonte ... Agora pise nos degraus 7 ... 6 ... 5 ... Apenas se deixe relaxar cada vez mais profundamente em si mesmo a cada passada ... 4 ... 3 ... expandindo-se e deixando-se ir cada vez mais fundo ... 2 ... e agora, quando estiver pronto para pisar no primeiro degrau, o degrau 1, deixe que a sua consciência se expanda à sua frente ... Agora sinta a ausência de limites se expandindo atrás de você ... Agora permita que sua consciência se estenda infinitamente para todos os lados ... Deixe o espaço se estender por baixo de você ... e permita que a sua consciência se expanda acima ... Apenas repouse nessa sensação de infinitude se aprofundando mais e mais ... deixando que o seu Eu cresça tranqüilo e silencioso nessa expansão que se aprofunda continuamente ... 1 ... Permaneça na consciência do seu Eu como Fonte ... (*deixe o seu parceiro permanecer aqui por aproximadamente 15–30 segundos*).

A Jornada Física — A Viagem na Nave

Agora, imagine um termômetro no chão. Ele tem números que vão de 1 a 10. 1 é o mais fundo que você pode ir e 10 é a consciência vibrante e desperta. Se você não conseguir ver exatamente o termômetro, não tem importância ... Consegue sentir de certa forma que ele está presente? ... (*dê tempo para a resposta*) ... Saiba apenas que ele está aí ... Agora, se 1 é o mais fundo que você pode ir dentro da Fonte e 10 é a consciência completa, vibrante e desperta, você é capaz de dizer em que ponto está do termômetro? ... Na verdade é possível que ouça um número, ou o veja subir até um determinado nível, ou apenas captar uma impressão ou um conhecimento de onde você está ... Assim, onde você está sobre o termômetro? ... (*dê tempo para a resposta*) ... Você consegue deixar o termômetro subir meio ponto? ... (*dê tempo para a resposta*) ... Você é capaz de deixá-lo cair 1 ponto? ... (*dê tempo para a resposta*) ... Muito bem ... Agora que você sabe exatamente quem é que está no comando, em que número você gostaria de estar? ... Você pode deixar que isto aconteça natural e espontaneamente enquanto continua a deixar que a ausência de limites se expanda em todas as direções, sabendo que isso se dará perfeita e espontaneamente ...

Agora imagine uma porta diante de você ... atrás da porta está a luz pura ... a luz do seu Ser — sua própria Fonte ... a natureza dessa luz é o amor sem limites ... Também atrás dessa porta está o seu sábio ou mentor — alguém em cuja sabedoria você confia e

236 A Jornada

na presença de quem você se sente seguro e protegido ... Quando estiver pronto, pode passar pela porta para a sua própria luz e cumprimentar o seu mentor ... (*dê tempo*) ... Passou por ela? ... Que bom ... Cumprimentou o seu mentor? ... Muito bem.

Agora imagine uma nave na sua frente ... Essa nave é um veículo muito especial ... Ela pode levá-lo a qualquer parte do seu corpo — não importa o seu tamanho — e ela sabe exatamente para onde ir ... Ela pode ir para dentro dos seus órgãos, nas veias, nos músculos ou tecidos, de uma forma muito fácil, segura e protegida ... Agora siga adiante e entre nela com o seu mentor ... Vocês já estão dentro dela? ... Bom ... Agora, quando estiver pronto, aperte o botão verde e deixe-se levar até a primeira parada — pode não ser onde você esperava ir — apenas deixe a nave ser o seu guia. Ela é alimentada pela própria sabedoria do seu corpo ... assim deixe a sua sabedoria levá-lo onde ela quer ir e, quando chegar, certifique-se de puxar o freio de mão e me avise ... (*espere*) ...

VÁ PARA O PROCESSO DE DESCOBERTA (em seguida)

A Jornada Física — Processo de Descoberta

Então, você já tem idéia de onde está? ... (*deixe que responda — ele pode ainda não saber, não tem importância*) ... Ótimo ... Vá em frente e saia da nave com o seu mentor carregando grandes tochas ... Qual é o aspecto desse lugar? ... Qual a sensação debaixo dos seus pés? ... Você pode descrever como é esse local? ... Consegue saber se está dentro ou fora do órgão? ... [se estiver fora, leia o seguinte: "imagine uma pequena entrada em algum lugar e vá com o seu mentor diretamente ao centro desse órgão (ou músculo ou tecido)]" ... Agora ponham suas tochas no alto ... Qual é o as-

A Jornada 237

pecto geral? ... Há qualquer irregularidade que de alguma forma chame a sua atenção ou que pareça diferente do restante? ... Vá com calma ... continue andando e olhe em volta cuidadosamente ... você não precisa *ver* exatamente ... Basta ter uma sensação ou um conhecimento interior ... (*pausa longa*) ... Há alguma área ou região que pareça atrair a sua atenção? ... Qual é o aspecto dela? ... Vá nessa direção e permaneça aí ... Como é que ela o faz se sentir? ... Se essa área emanasse um sentimento, qual seria ele? ... (*deixe que responda*) ... Se lhe desse uma sensação de como se sente e você tivesse que dar um nome a esse sentimento, qual seria ele? ... Deixe-se sentir completamente o sentimento ... (*deixe que ele dê nome ao sentimento*) ... Respire para dentro dele ...

Pergunte a si mesmo: "Quando foi que me senti assim antes?", e em resposta a essa pergunta, no olho da sua mente, olhe para baixo para os seus pés e veja qual o sapato que está usando, caso esteja calçado ... Olhe para suas pernas e roupas ... Sinta quantos anos você acha que tem e onde pode estar ... Quem mais está aí? ... Essa pessoa ou essas pessoas o fazem recordar de uma determinada lembrança ou de uma série de lembranças? ... (*dê tempo para a resposta*) ... Ótimo ...

> Quando uma lembrança específica ou uma série de lembranças vier à mente, vá para a Folha de Processo de Lembrança (p. 238).

> Se nenhuma lembrança específica vier à mente, repita o último parágrafo. Se ainda assim não surgir nenhuma lembrança, vá diretamente para a Folha da Fogueira de Acampamento (p. 239) e convide as pessoas diretamente relacionadas com esse sentimento para se reunirem à volta da fogueira. Proceda então normalmente.

238 A Jornada

A Jornada Física —
Processo de Lembrança

Agora que você descobriu a lembrança ou uma série de lembran-ças ... siga em frente e ponha a cena inteira em uma grande tela de cinema, mas por agora deixe que a tela fique em branco, sabendo que pode ter acesso à lembrança imediatamente ... Ela está na tela de cinema? ... Bom ... Deixou-a em branco? ... Ótimo.

Agora imagine que você e o seu mentor estão sentados em volta de uma fogueira exatamente aqui — exatamente onde você está neste órgão. A natureza desta fogueira é o amor incondicional e a paz — a própria Fonte ... Você e seu mentor estão repletos com o amor e a paz da sua própria Fonte enquanto sentados aqui junto ao fogo se preparando para ver a cena ou a série de cenas passa-rem na tela de cinema ... Quando estiver pronto, siga em frente e rode a cena e, quando acabar, deixe a tela ficar em branco e me avise ... (*dê bastante tempo*) ... Você gostaria de me descrever o que aconteceu na cena? ... (*dê tempo para a resposta*) ... Agora deixe que seu eu mais jovem que estava na cena descer da tela e vir até junto da fogueira para se sentar com o seu eu atual e o mentor.

Agora, estando sentados calmamente em volta da fogueira, per-gunte ao seu eu atual ou ao seu mentor que espécie de expedien-tes afirmativos vocês ACHARIAM úteis nessa cena ... (*dê-lhe tem-po para pensar e sugerir expedientes afirmativos — incentive-o*) ... (*deixe que ele dê nome a eles e os anote*) ...

Agora prossiga e dê ao seu eu mais jovem que está na cena um punhado de balões contendo todas essas qualidades e então pas-se de novo a cena na tela e veja o QUE <u>TERIA</u> ACONTECIDO se você tivesse tido acesso a todos esses recursos positivos... Quando tiver acabado, deixe a tela em branco e me avise ... (*dê tempo suficiente*) ... Como a cena se desenrolou? ... Você poderia me fazer uma descrição rápida? ... Ótimo.

Agora eu gostaria de pedir ao seu eu mais jovem e à(s) outra(s) pessoa(s) na cena para saírem da tela. O seu eu mais jovem certamente precisa dizer algumas coisas que não foram ditas na ocasião e a outra pessoa que faz parte da lembrança precisa ouvir algumas coisas.

A Jornada Física — O Processo da Fogueira de Acampamento

> Leia devagar e cuidadosamente. Faça uma pausa todas as vezes em que aparecer "..." e dê ao seu parceiro *tempo suficiente* para sentir completamente a resposta à sua pergunta.

Imagine uma fogueira de acampamento ... você pode montá-la exatamente aqui dentro do órgão ou tecido ... A natureza desta fogueira é o silêncio eterno e o amor incondicional. Você e seu mentor estão junto à fogueira ... Agora traga para a fogueira a pessoa específica que está envolvida com o seu problema ... Alguém mais precisa estar em volta desta fogueira? ... (*deixe que responda*).

Você consegue ver a fogueira? ... É capaz de ver o seu eu mais jovem? ... O seu eu atual? ... O mentor? ... Quem mais está aí? ... (*Deixe que ele responda e anote todos os nomes para que assim possa se referir a eles especificamente*).

Entre as pessoas envolvidas com o seu problema, escolha UMA ou DUAS com quem gostaria de falar ... sabendo que todos vão

240 A Jornada

ouvir o que precisa ser ouvido ... Com quem você gostaria de falar em primeiro lugar? ... (*deixe que responda*).

> Faça todas as perguntas (de 1 a 11) para CADA pessoa mencionada.

1. Todos agora estão sentados na presença protetora deste fogo de amor incondicional e aceitação. O **seu eu mais jovem** pode ter sentido muita dor no passado. Deixe o **seu eu mais jovem** falar agora dessa dor antiga, dizendo o que precisa ser dito, e deixe _____ (*Mãe, Pai, Ente Querido, etc.*) ouvir o que precisa ser ouvido ... (*pausa longa*).

2. Sabendo que _____ (*Mãe, Pai, Ente Querido, etc.*) provavelmente estava fazendo o melhor que podia com os recursos que tinha naquele tempo, deixe que responda ... (*pausa longa*).

3. O que o **seu eu mais jovem** responde a isso? ... (*deixe que responda*).

4. Se _____ (*Mãe, Pai, Ente Querido, etc.*) tivesse de responder, não do plano da personalidade, mas do plano da alma, o que diria? ... (*deixe que responda*).

5. O **seu eu mais jovem** tem alguma coisa para replicar a isso? ... (*deixe que responda*).

6. O **mentor** tem alguma coisa a acrescentar... (*deixe que responda*).

7. O que o **seu eu atual** tem a dizer para _____ (*Mãe, Pai, Ente Querido, etc.*)? ... (*deixe que responda*).

8. O que _____ (*Mãe, Pai, Ente Querido, etc.*) responderia do plano da alma? ... (*deixe que responda*).

9. Alguém tem mais alguma coisa a acrescentar? ... (*continue a conversa até esgotar*).

A Jornada
241

10. Quando o **seu eu mais jovem** estiver pronto, pergunte: "Mesmo que o comportamento anterior dessa pessoa não fosse aceitável segundo **nenhum** padrão, e mesmo não aceitando de jeito nenhum aquele comportamento, você está disposto a perdoá-la **completa e absolutamente**, do fundo do seu coração?" ... (*deixe que responda*). Agora, vá em frente e perdoe ... (*deixe que perdoe*).

11. Quando o **seu eu atual** estiver pronto, pergunte: "Mesmo que o comportamento anterior dessa pessoa não fosse aceitável segundo **nenhum** padrão, e mesmo não aceitando de jeito nenhum aquele comportamento, você está disposto a perdoá-la **completa e absolutamente**, do fundo do seu coração?" ... (*deixe que responda*). Agora, vá em frente e perdoe ... (*deixe que perdoe*).

> Se houver duas pessoas escolhidas para ouvir o que ele tem a dizer — repita o processo das perguntas de 1 a 11 para a segunda indicada, assim tudo será dito e ouvido. Quando tiver concluído, continue, dizendo o seguinte:

Diga: Prossiga e perdoe a todos eles, enviando-lhes bênçãos. Deixe que se fundam no fogo, que é a fonte de toda a vida ... Então vire-se para o **seu eu mais jovem** e diga: "Prometo a você que **nunca** mais terá que sentir essa dor antiga novamente. Eu o perdôo por qualquer dor que tenha causado, porque você simplesmente não tinha acesso aos expedientes que eu tenho agora, e eu prometo que você pode ter acesso a eles sempre que quiser. Eu o amo e sempre vou protegê-lo." ... Então, abraçando o **seu eu mais jovem**, deixe-se fundir a ele, permitindo que o **seu eu mais jovem** cresça com este perdão e esses recursos interiorizados.

Agora, deixe a fogueira de acampamento desaparecer ... Só restaram você e o seu mentor ... levantem suas tochas e façam com que

242 A Jornada

iluminem tudo à sua volta ... O que está vendo? ... De que forma as coisas estão mudando? ... (*deixe que responda*) ... Ótimo ... Existe alguma comunicação final que o órgão ou tecido queira fazer? ... (*dê-lhe tempo*) ...

Sabendo que a cura vai continuar perfeita, automática e espontaneamente, e que a parte de você responsável por fazer seu coração bater, os olhos brilharem e as células se reproduzirem vai continuar o processo de cura perfeitamente sem que você precise pensar a respeito — da forma com que sempre faz, bem naturalmente enquanto você dorme ... você e o seu mentor podem deixar este órgão com os corações cheios de gratidão.

VÁ PARA A JORNADA FINAL PARA CASA (em seguida)

A Jornada Física — Jornada Final para Casa para a Consciência Desperta

Tendo completado a sua jornada de cura por hoje, volte para a sua nave e deixe que ela o leve e ao mentor de volta para a entrada por onde você passou em primeiro lugar. Agora saia da nave e agradeça ao mentor de todo o seu coração, sabendo que você pode fazer sua jornada interior sempre que quiser ... Agora saia pela entrada ... lá você encontrará o termômetro no chão ... Consegue sentir em que número você está? ... isso é ótimo ...

Agora pise no degrau 1 ... e enquanto contamos de 1 a 10 você vai se sentindo cada vez mais renovado, vibrante e alegre ... 2 ... 3 ... 4 ... você pode se espreguiçar e sentir o seu corpo mais energizado ... 5 ... 6 ... 7 ... ficando relaxado, renovado, pronto para voltar à consciência totalmente desperta — grato a si mesmo por sua jornada física interna ... 8 ... sentindo-se vivo ... 9 ... e você SÓ abrirá os olhos quando sentir todas as suas partes integradas completamente e prontas para continuar o processo de cura natural e espontaneamente ... 10 ... pode abrir os olhos.

Respire profundamente algumas vezes. Você pode querer andar um pouco, beber água, espreguiçar-se e então conversar com seu parceiro sobre essa experiência unificadora.

Epílogo

Tantas pessoas procuram A Jornada com problemas físicos como fadiga crônica, esclerose múltipla, tumores, câncer, artrite, dor crônica nas costas ou dor aguda no joelho. Podem ter problemas para dormir, ou sofrerem depressão crônica, ou talvez estejam se sentindo apáticos ou letárgicos. Enquanto outros aparecem com problemas emocionais, como a ira debilitante, ou sabem que são sensíveis à crítica ou têm baixa auto-estima. Alguns têm medo de falar em público, ou têm problemas com protelação, ou ansiedade ou estresse. Ainda outros podem enfrentar desafios como o fumo, a bebida ou as drogas. Muitos vêm porque sentem que não conseguem resolver o luto ou a perda em suas vidas, ou quem sabe tenham algum bloqueio sexual, que está impedindo que tenham algum tipo de intimidade.

As pessoas, em sua maioria, vêm porque sabem que são capazes de realizar coisas grandes e que algo os prende e puxa para trás — algum tipo de "zona secreta de conforto" parece impedi-las de alcançar a espécie de abundância e sucesso que elas sabem que são capazes de atingir.

A Jornada
245

Em cada um desses casos, as pessoas conseguiram chegar ao âmago do seu problema, fosse ele emocional ou físico e foram bem-sucedidas em sua libertação. Elas participaram do seu próprio processo de cura.

E ainda assim o que elas levam para casa é alguma coisa ainda mais profunda e valiosa do que a cura. Vão para casa com o conhecimento de quem *realmente* são. Percebem que todos esses desafios emocionais e físicos acabaram por se tornar as maiores dádivas de suas vidas porque serviram como um "chamado para despertar". E o que elas descobrem é a imensa beleza de suas almas. Despertam para a presença do amor que sempre esteve presente mas secretamente escondido em seus corações. Vêm para se curar e saem com a compreensão, a sabedoria de que o reino de Deus se encontra certamente dentro de cada um.

Com todo o meu coração, eu faço minhas preces para que este livro tenha servido para *você* como um chamado para despertar. Espero que todas as histórias inspiradoras de autodescobrimento acendam uma chama de aspiração em seu coração e façam com que você parta para sua própria jornada espiritual.

Talvez algum dia eu tenha a alegria de conhecê-lo, ou quem sabe você se sinta inspirado a passar este livro para um amigo, de forma que assim cada coração desperte para sua própria grandeza.

Que você consiga descobrir a presença do amor, que é o seu verdadeiro eu, e viva como a verdadeira expressão da Liberdade.

Com todo amor, Brandon.

Nota da Autora

Este livro foi escrito para inspirá-lo a reconhecer e realizar a grandeza que vive dentro de todos nós — para mostrar que a possibilidade de participar da nossa própria cura é um presente que podemos dar a nós mesmos. É uma "chamada para despertar" para a liberdade e a inteireza presentes em cada um.

Ele NÃO tem a intenção de afastá-lo de qualquer outro programa de saúde que você já esteja seguindo — seja ele ortodoxo ou alternativo. Em vez disso, o objetivo dele é *intensificar* e apoiar o processo que escolheu e sua evolução.

No campo da cura não há garantias e há tantos caminhos para a cura e a saúde quanto o número de pessoas que existem. Espero que as palavras deste livro o inspirem e apóiem seja qual for o caminho que você escolha.

Se o seu coração se sente chamado a conhecer mais sobre este trabalho ou fitas ou workshops de *A Jornada*, sinta-se à vontade para ligar para The Journey in the United Kingdom, no número 44(0)1656890400. Você será atendido por pessoas que terão muito prazer em responder as suas perguntas.

Que a jornada que você escolher seja preenchida pela alegria do autodescobrimento e da inteireza.

Agradecimentos

Eu possivelmente não seria capaz de mencionar todas as pessoas que contribuíram para *A Jornada*, mas eu gostaria de expressar a minha gratidão individualmente para algumas pessoas que desempenharam um papel *específico* na minha jornada para a cura — os meus amigos mais chegados que acreditaram incessantemente em mim e me apoiaram durante o processo — Debra Angeletti, Skip Lackey, Catherine Curry, "Kabir" Jeremy Geffen e Mark e Elaine Thomas. Agradeço de coração a Don, meu ex-marido, que constantemente me estimulou a seguir adiante na minha evolução espiritual; à minha filha Kelley, por sua sabedoria e confiança, e a meus queridos amigos Tony e Becky Robbins, que mantiveram a crença de que eu me curaria. O meu agradecimento especial a David Marshall por seu generoso e constante apoio, tanto como amigo como por seus conselhos especializados no desenvolvimento dos seminários de A Jornada.

Sinto-me especialmente grata a Vicki St. George, não só por estar presente como uma amiga querida, mas também por me ajudar tão generosamente com a edição preliminar deste livro. E a Carole Tonkinson, cujo próprio amor à Verdade fez dela a editora perfeita para trabalhar na criação desta edição final. Um agradecimento especial para Nada, Catherine e Peter Whitfield e Marlisse Karlin por tão bondosamente terem me ajudado a tornar realidade os primeiros Seminários de A Jornada.

Minha gratidão à minha mãe por acreditar em mim e por ter me transmitido o seu grande amor pela beleza e pela natureza.

De todo o meu coração, gostaria de agradecer aos professores e terapeutas que me inspiraram, especialmente Surja Jessup. Entretanto, este livro se tornaria uma enciclopédia de nomes se eu fosse relacionar todos aqueles que exerceram um impacto profundo tanto em minha vida quanto no meu trabalho. Nos campos da Programação Neurolingüística, Condicionamento Neuroassociativo, iridologia, acupressura, herbalismo, nutrição, kineseologia, hipnose médica, imunologia psico-neurológica, psicologia e crescimento pessoal, todos os professores me deram alguma preciosidade. Há um homem, entretanto, que sinto acima de tudo que preciso mencionar — o Dr. Deepak Chopra. Por meio de sua extensa pesquisa, ele tem inspirado milhões de pessoas com a certeza do conhecimento de que a cura celular é possível.

Mais pessoas do que eu seria capaz de citar apoiaram A Jornada na divulgação da sua mensagem. Agradecimentos especiais a Lipi e Darren Bagshaw, Ross Marlow e Shirley Roche, Teresa Curren, Jonathan Austin, Nick Williams, Carol Marples-Kemble, Suzy Greaves e Mark e Elizabeth Riminton por sua dedicação em ajudar as pessoas em sua trajetória de crescimento.

Meu coração está profundamente grato àqueles professores que me despertaram para a Verdade de quem eu sou e que puseram suas vidas a serviço da Verdade, mostrando a grandeza que existe em nós todos: Krishnamurti, Gangaji, Catherine Ingram e Ramana Maharishi. Minha mais profunda gratidão a Gurumayi pelo despertar inicial, e estarei em débito permanente com HWL Poonja por "quebrar o pote", destruindo o conceito de identidades separadas, dando a percepção inequívoca do Eu — a essência deste livro. Que a minha vida possa ser vivida como uma prece infinita de gratidão, para servir a isso que é revelado em sua presença.

E o meu mais profundo agradecimento a meu companheiro, Kevin, cuja própria devoção à Verdade me ajudou a vencer as dificuldades na criação e edição deste livro. Ele acreditou apaixonadamente na mensagem do livro e o seu desejo de servir a humanidade o fez elevar este livro até a luz ampliadora da Verdade. Kevin garantiu que ele tivesse os padrões mais elevados de pureza e honestidade.

Agradeço aos milhares que usaram A Jornada para transformar suas vidas e às almas corajosas e generosas cujas histórias inspiradoras enchem este livro (alguns de seus nomes foram trocados para proteger suas identidades).

E acima de tudo minha gratidão à Verdade em si por me despertar para o amor e a grandeza que existem dentro de nós.